MON ANNÉE DE MÉDITATION

MARABOUT

Jour 1

LE CORPS – LE CAIRN

Pour méditer, il est préférable d'adopter une posture stable qui peut être confortable mais qui, surtout, permet à l'esprit de rester éveillé et attentif tout au long de la méditation. Lorsque l'on est assis le dos bien droit, le support du sol se prolonge dans chaque vertèbre jusqu'à la tête, tel un cairn.

Jour 2

Je note ma météo intérieure :

En pratique

Trouvez un endroit calme où vous installer. Repérez la posture qui vous convient : assis sur une chaise peut-être, les pieds posés bien à plat sur le sol pour vous sentir stable. Sentez que votre dos peut être bien droit sans aucune tension. Pour vous aider à sentir cette verticalité, imaginez que votre dos est comme un cairn. Vos vertèbres trouvent une belle verticalité, sans tension, votre tête repose tout en haut de votre colonne, avec un juste équilibre.

Aujourd'hui, j'ai médité ? ☐

Jour 3

Je note ma météo intérieure :

Psychologie positive

Notez trois choses qui se sont bien passées pour vous aujourd'hui et expliquez pourquoi elles se sont bien passées. Comment vous sentiez-vous à ce moment-là ? Et maintenant, quand vous y repensez ? Tous les jours, écrivez réellement ces trois points positifs, car faire cet exercice mentalement n'est pas suffisant. Cette discipline demande des efforts, mais cela devient plus facile avec la pratique et c'est précisément ce qui fera la différence.

Aujourd'hui, j'ai médité ? ☐

Jour 4

Je note ma météo intérieure :

INVITATION

Essayez d'identifier à quel moment vous êtes le plus susceptible de pratiquer la méditation, puis calez formellement 10 minutes dans votre rituel afin d'en faire progressivement une habitude.

Aujourd'hui, j'ai médité ? ☐

Jour 5

Je note ma météo intérieure :

Stop au pilote automatique !

Observez comment vous occupez vos temps morts : une cigarette, des ruminations, un peu de temps sur votre Smartphone... Je vous invite à voir ces petits moments comme des opportunités d'être vraiment présent à votre vie, plutôt que de vous laisser distraire.

Aujourd'hui, j'ai médité ? ☐

Jour 6

Je note ma météo intérieure :

Émotion

Essayez de réduire l'intensité du stress et de la turbulence émotionnelle en nommant simplement les émotions ou les états mentaux quand ils apparaissent : « Ah, tiens, un peu de confusion. De la tristesse. De la détente… ». Appelez-les par leur nom.

Aujourd'hui, j'ai médité ? ☐

Jour 7

Je note ma météo intérieure :

Conseil

Essayez de ne rien faire. Tout simplement ! C'est peut-être un concept radical dans une époque suractive et hyperconnectée, où tout est cadré dans des listes de tâches à faire, où le temps ne semble réservé que pour la performance... Je vous invite à essayer de retrouver cet art si profitable et ressourçant du « non-faire ».

Aujourd'hui, j'ai médité ? ☐

Jour 8

LA RESPIRATION - LE VÉLO

Comme pour le vélo, le méditant apprend patiemment à ramener doucement, et systématiquement, son attention vers son souffle, avec bienveillance. Cette technique devient progressivement automatique, instinctive, sans effort... Ce micromouvement de balancier est le cœur de la méditation... et du cyclisme !

Jour 9

Je note ma météo intérieure :

En pratique

Portez votre attention sur le début de l'inspiration, puis sur le cœur de celle-ci, quand l'aspiration de l'air est importante, et finalement sur la fin, lorsque le filet d'air se fait plus petit. Faites de même avec votre expiration. Notez cet effet de balancier qui vous maintient en vie, en équilibre. Faites cela plusieurs fois.

Aujourd'hui, j'ai médité ? ☐

Jour 10

Je note ma météo intérieure :

Psychologie positive

« Si tu veux profiter de ta vie,
apprends à profiter de ta simple journée. »

Confucius

Aujourd'hui, j'ai médité ? ☐

Jour 11

Je note ma météo intérieure :

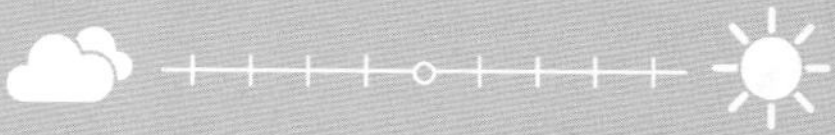

Invitation

Pour rester motivé, observez les changements, remarquez si, par moments, vous commencez à être plus présent dans votre quotidien. Essayez également de discerner l'impact que cette qualité de présence a sur vous et sur votre entourage.

Aujourd'hui, j'ai médité ? ☐

Jour 12

Je note ma météo intérieure :

STOP AU PILOTE AUTOMATIQUE !

Surprenez-vous par de petites nouveautés. Faire les choses différemment et sortir de ses routines aide souvent à redevenir plus présent à sa propre vie : par exemple, aujourd'hui, essayez de changer de trajet pour aller au travail, à votre déjeuner ou à un rendez-vous. Et observez, écoutez, ressentez…

Aujourd'hui, j'ai médité ? ☐

Jour 13

Je note ma météo intérieure :

Compassion

Soyez particulièrement attentif aujourd'hui à la façon dont vous vous adressez à vous-même… à votre dialogue intérieur, en somme. Votre ton est-il bienveillant et aimable ou plutôt sévère et critique ? Décrivez les messages que vous vous envoyez, soyez spécifique. Et faites l'effort d'arrêter de vous blâmer. Essayez aujourd'hui de vous parler gentiment, comme si vous vous adressiez à un ami, ou à un enfant. Laissez-vous tranquille pendant cette journée. Notez ici ce soir ce que vous avez ressenti :

Aujourd'hui, j'ai médité ? ☐

Jour 14

Je note ma météo intérieure :

Conseil

Une expérience, aujourd'hui : essayez de remplacer « je suis débordé » par « je suis présent », en inspirant profondément. Que ressentez-vous sur le moment, et le soir, au moment de vous coucher ? Observez cela sans objectif ni attente :

....

....

....

Aujourd'hui, j'ai médité ? ☐

Jour 15

LES SENS - LA MOUCHE

Lorsque l'on médite, il est parfois difficile de ne pas se déconcentrer ; il arrive souvent que, à l'instar de la mouche qui nous dérange, on soit gêné par un bruit, un son, une pensée intrusive.

Jour 16

Je note ma météo intérieure :

En pratique

Asseyez-vous les yeux fermés, en vous « connectant » à votre souffle. Si, au bout d'un instant, une distraction extérieure survient (un son, une sensation physique, un insecte, une interruption par un proche), contentez-vous d'accepter, de laisser être. Cette perturbation est une chance et non un obstacle à surmonter : vous allez pouvoir entraîner votre attention. Notez avec soin son effet sur vous, sans vous laisser entraîner dans des tourbillons de pensées et d'émotion. Revenez au souffle.

Aujourd'hui, j'ai médité ? ☐

Jour 17

Je note ma météo intérieure :

Psychologie positive

Il faut de tout : concédez-vous des moments de mauvaise humeur. Sans pour autant vous laisser submerger. Ayez la même tendresse pour vos émotions négatives que pour le genou égratigné d'un enfant.

Aujourd'hui, j'ai médité ? ☐

Jour 18

Je note ma météo intérieure :

INVITATION

Digital détox ! Aujourd'hui, soyez attentif et comptez le nombre de fois où vous consultez votre Smartphone. Notez comment vous vous sentez avant, pendant et après. Faites juste cela !

....

....

....

Aujourd'hui, j'ai médité ? ☐

Jour 19

Je note ma météo intérieure :

Stop au pilote automatique !

Cette phrase du dalaï-lama vous invite à sortir du pilote automatique et à vous ouvrir à l'instant présent :

« Parfois, ne pas obtenir ce que l'on désire est un merveilleux coup de chance. »

Aujourd'hui, j'ai médité ? ☐

Jour 20

Je note ma météo intérieure :

Compassion

Aujourd'hui, distribuez autant de mercis que nécessaire : à vos proches, à des inconnus, à vous, à la nature, à la vie...

Aujourd'hui, j'ai médité ? ☐

Jour 21

Je note ma météo intérieure :

CONSEIL

Aujourd'hui, je vous invite à faire un test : essayez de relever un peu la tête et de sourire. Notez ici ce que vous ressentez :

....

....

Aujourd'hui, j'ai médité ? ☐

Jour 22

LES ÉMOTIONS - LE FEU DE CAMP

Face à un feu de camp, êtes-vous plutôt fasciné par la danse des flammes, soucieux du bois qui va manquer, ou amer de voir les efforts passés à ramasser du bois partir en fumée ? Méditer permet de s'entraîner à porter son attention sur l'instant présent, à ne pas laisser dériver ses pensées, ou, en tout cas, ne pas s'y arrêter.

Jour 23

Je note ma météo intérieure :

EN PRATIQUE

Installez-vous confortablement, arrêtez-vous, ressentez le mouvement de votre souffle. À la manière du feu de camp, regardez, s'il y en a, les émotions qui naissent en vous et repartent. Observez-les sans détour, sans jugement ; laissez-vous vivre l'instant présent...

Aujourd'hui, j'ai médité ? ☐

Jour 24

Je note ma météo intérieure :

Psychologie positive

Si, malgré vos efforts, vous n'avez pas fait de votre mieux aujourd'hui, ce n'est pas un problème. Vous y arriverez demain !

Aujourd'hui, j'ai médité ? ☐

Jour 25

Je note ma météo intérieure :

INVITATION

Avez-vous remarqué que vous pouvez, grâce à cette éphéméride, suivre la régularité de votre pratique méditative ? Mais la méditation de pleine conscience n'est pas une compétition avec vous-même, ni avec les autres. Pour sentir ses effets, pratiquez-la régulièrement et considérez l'exercice méditatif comme une invitation quotidienne, pas comme une contrainte.

Aujourd'hui, j'ai médité ? ☐

Jour 26

Je note ma météo intérieure :

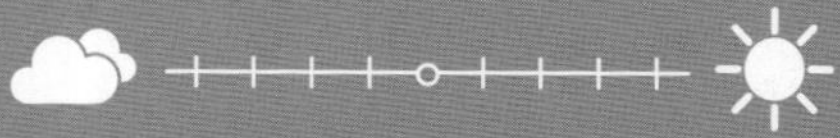

Stop au pilote automatique !

Choisissez aujourd'hui de prendre conscience de vos pas quand vous vous déplacez. Ne changez pas votre vitesse, ne perturbez pas votre équilibre. Si vous le souhaitez, je vous invite à être attentif au rythme de vos pas sur le sol.

Aujourd'hui, j'ai médité ? ☐

Jour 27

Je note ma météo intérieure :

Chaque rumination a son schéma

Remarquez si, ces derniers jours, vous avez eu tendance à adhérer au scénario mental interne suivant : « J'ai toujours raison » tout en dépensant beaucoup d'énergie pour le prouver, vous en justifier et vous en convaincre. Notez à quel point vous êtes concerné par ce schéma : 0 = pas du tout concerné ; 5 = tout à fait concerné.

....

....

Aujourd'hui, j'ai médité ? ☐

Jour 28

Je note ma météo intérieure :

Conseil

Et si, pour quelques instants, vous ne faisiez rien, mais à fond ?

Aujourd'hui, j'ai médité ? ☐

Jour 29

LES PENSÉES - LA CASCADE

Dans le tumulte de la vie, il est souvent difficile de prendre du recul, de laisser aller les pensées sans s'y accrocher. Pourtant, en faisant un pas de côté, comme lorsqu'on s'éloigne de la cascade pour mieux la voir, on peut arriver à prendre du champ.

Jour 30

Je note ma météo intérieure :

En pratique

Posez-vous un instant, au calme. Respirez doucement, sereinement. Si des pensées vous envahissent, comme le flot rugissant d'une cascade, faites un « pas de côté » ou un pas en arrière, prenez du recul par rapport à votre mental. Comme si vous vous écartiez suffisamment de la cascade, entre la paroi rocheuse et l'eau. Sans juger, analyser, ou essayer de contrôler ces distractions internes. Vous aurez alors un meilleur point de vue pour contempler la beauté de cette cascade de pensées... et l'accueillir avec bienveillance.

Aujourd'hui, j'ai médité ? ☐

Jour 31

Je note ma météo intérieure :

Psychologie positive

« L'homme qui ne tente rien ne se trompe qu'une seule fois. »

Lao Tseu

Aujourd'hui, j'ai médité ? ☐

Jour 32

Je note ma météo intérieure :

Invitation

Soyez réaliste en termes d'attentes et de bénéfices espérés quand vous vous mettez à pratiquer la méditation. Méditer ne permet pas de se débarrasser de toutes ses pensées, mais plutôt de remarquer que les pensées sont là. Ne soyez pas surpris si certains jours votre esprit est occupé, inquiet, ou même indiscipliné. Restez curieux et laissez cette activité mentale être.

Aujourd'hui, j'ai médité ? ☐

Jour 33

Je note ma météo intérieure :

Stop au pilote automatique !

Aujourd'hui, prenez votre crayon : faites une liste de pensées restrictives et de croyances vous concernant, vous et le monde qui vous entoure. Remarquez si certaines inhibent un peu votre capacité à profiter des petits bonheurs quotidiens.

....

....

....

Aujourd'hui, j'ai médité ? ☐

Jour 34

Je note ma météo intérieure :

Émotions

Aujourd'hui, je vous invite à vous donner la permission d'être humain, d'accepter de ressentir le bon et le moins bon. Refuser d'éprouver des émotions négatives reviendrait à amputer votre propre capacité de perception. Laisser vivre vos émotions, c'est accepter la pesanteur ; vous verrez, on vit finalement très bien avec.

Aujourd'hui, j'ai médité ? ☐

Jour 35

Je note ma météo intérieure :

Conseil

« Je ferai cela quand... » Pourquoi remettre sa vie à plus tard ? Aujourd'hui, dites non à la procrastination : faites aujourd'hui ce que demain, vous remettriez au surlendemain ! Notez les sensations et les émotions éprouvées, une fois que vous aurez fait ces choses.

Aujourd'hui, j'ai médité ? ☐

Jour 36

L'INTENTION - LE CYCLE DE L'EAU

Tout comme le cycle de l'eau, notre état mental change au cours d'une méditation.

Jour 37

Je note ma météo intérieure :

En pratique

Inspirez, expirez. Prenez conscience de la présence de votre souffle. Sa présence est fidèle et régulière. Ce cycle de respiration fait alterner deux mouvements a priori contradictoires et qui pourtant se complètent. Comme le cycle de la nuit et du jour, du silence et des sons, de l'être et du faire, de la lune et du soleil. Pourtant chaque souffle est différent : parfois court, profond, léger, doux, puissant... Si bien que chaque séance se déroule différemment, même si le guidage est le même, et aboutit à un état toujours unique. C'est le miracle de l'instant présent !

Aujourd'hui, j'ai médité ? ☐

Jour 38

Je note ma météo intérieure :

Psychologie positive

Essayez aujourd'hui de dépenser de l'argent pour VIVRE des expériences plutôt que pour ACQUÉRIR des biens. Certaines recherches montrent en effet que les gens se sentent plus heureux quand ils dépensent leur argent pour éprouver des choses, plutôt que pour les posséder.

Aujourd'hui, j'ai médité ? ☐

Jour 39

Je note ma météo intérieure :

Invitation

Un pas après l'autre : ne sous-estimez pas la puissance des petits rituels et des petites habitudes. En prenant délibérément une respiration consciente quand vous avez un moment de libre, vous pouvez ouvrir la voie à la création d'une habitude de méditation.

Aujourd'hui, j'ai médité ? ☐

Jour 40

Je note ma météo intérieure :

Stop au pilote automatique !

Prenez un moment pour identifier des situations au cours desquelles vous avez des difficultés à vous sentir en connexion avec votre véritable nature. Écrivez quelques mots ici pour décrire cette sensation de « déconnexion ». À quoi pensez-vous dans ces moments ? Quelles sont vos sensations corporelles ? Quelles émotions ressentez-vous ?

....

....

....

Aujourd'hui, j'ai médité ? ☐

Jour 41

Je note ma météo intérieure :

Compassion

Quand vous croisez des personnes dans la rue, souhaitez-leur mentalement d'être heureux dans leur vie. Juste cela. Sincèrement. Vous pouvez même accompagner cette pensée d'un demi-sourire. Et observez ce qui se passe en vous et autour de vous.

Aujourd'hui, j'ai médité ? ☐

Jour 42

Je note ma météo intérieure :

Conseil

Nous sommes des ÊTRES humains et non des « FAIRE humains ». Offrez-vous une pause de méditation pour ÊTRE ! Bonne séance !

Aujourd'hui, j'ai médité ? ☐

Jour 43

L'OUVERTURE - LA MARE

Au-delà de la concentration, la méditation amène à ouvrir sa conscience à tout son environnement (bruit, image, odeur, contact...), à laisser ouverts tous les pores de son attention, comme la grenouille dans la mare respire par tous les pores de sa peau.

Jour 44

Je note ma météo intérieure :

En pratique

Portez votre attention à votre souffle, au contact de votre corps avec la chaise ou le sol sur lequel vous êtes assis. Restez là, calme et posé, économe de tout mouvement inutile, toujours en éveil. Puis, ouvrez votre conscience à tout votre environnement (bruit, image, odeur, contact...).

Aujourd'hui, j'ai médité ? ☐

Jour 45

Je note ma météo intérieure :

Psychologie positive

Faites la liste de vos réussites de la semaine. Même les toutes petites. Reconnaissez-les bien comme d'authentiques fiertés et laissez-vous éprouver ces sentiments : vous vous le devez bien !

....

....

....

Aujourd'hui, j'ai médité ? ☐

Jour 46

Je note ma météo intérieure :

Invitation

Essayez de pratiquer la méditation juste après une habitude déjà existante. Après vous être installé en voiture, essayez de méditer pendant quelques respirations, plutôt que de vous dépêcher de mettre le contact. Choisissez un événement très quotidien – après avoir rangé le lave-vaisselle, après être monté dans l'ascenseur pour aller au bureau... Ce choix très prosaïque crée un réflexe qui s'appelle « l'ancrage ».

Aujourd'hui, j'ai médité ? ☐

Jour 47

Je note ma météo intérieure :

Stop au pilote automatique !

Quand vous vous ennuyez, soyez curieux de tous les aspects de la vie, même les petites choses anodines soi-disant barbantes. Dès que nous nous intéressons à ce que l'on ressent quand on s'ennuie, par définition, ce n'est plus ennuyeux ! Remarquez certaines habitudes (souvent bien ancrées) qui vous amènent à vous réfugier dans des schémas de pensée, de la distraction pure ou de la réactivité. Notez comme cela emporte votre attention loin de la magie du moment.

Aujourd'hui, j'ai médité ? ☐

Jour 48

Je note ma météo intérieure :

Compassion

Pensez à une personne qui vous agace un peu en ce moment. Imaginez maintenant, pendant 3-4 minutes, que vous êtes à sa place, que vous portez ses vêtements, que vous voyez à travers ses yeux. Que ressentez-vous ? Notez ce qui se passe dans votre corps et votre esprit. Laissez-vous surprendre par ces sensations imaginées, et notez-les.

....

....

....

Aujourd'hui, j'ai médité ? ☐

Jour 49

Je note ma météo intérieure :

Conseil

Remarquez ce qui se passe en ce moment et laissez-le arriver. Laissez cela « être ». Abandonnez toute résistance et observez ce qui se passe en vous et autour de vous.

Aujourd'hui, j'ai médité ? ☐

Jour 50

LE CORPS - LA RACINE

Votre posture de méditation doit être digne et stable. En ressentant le soutien du sol au travers de toutes vos zones de contact, vous ancrez votre attention, comme s'ancrent les racines dans la terre.

Jour 51

Je note ma météo intérieure :

En pratique

Assis sur le sol, en tailleur ou à genoux, sentez le soutien du sol sous vos cuisses et vos jambes. Vivez cette expérience sans vous l'expliquer, sans la décrire. Entrez dans cette expérience des sensations physiques de votre socle.

Aujourd'hui, j'ai médité ? ☐

Jour 52

Je note ma météo intérieure :

Psychologie positive

« Qui veut faire quelque chose trouve un moyen ;
qui ne veut rien faire trouve une excuse. »

Proverbe arabe

Aujourd'hui, j'ai médité ? ☐

Jour 53

Je note ma météo intérieure :

Invitation

À quelle fréquence doit-on méditer ? L'idéal est de pratiquer au quotidien, mais l'essentiel est surtout de cheminer régulièrement. Tout repose en effet sur l'habitude. Il est donc important de parvenir à conserver son élan une fois qu'on l'a pris, car reprendre la pratique de la méditation après une longue pause demande plus d'effort. Un peu comme la course à pied : c'est toujours difficile de s'y mettre, mais quand on pratique régulièrement, l'effort à fournir est moindre, et le plaisir plus important !

Aujourd'hui, j'ai médité ? ☐

Jour 54

Je note ma météo intérieure :

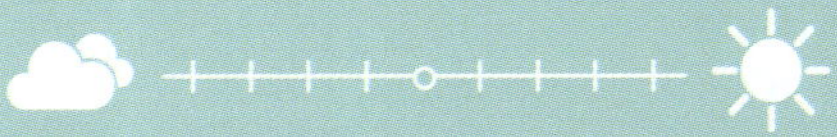

Stop au pilote automatique !

En rentrant ce soir à la maison, posez vos affaires et asseyez-vous. Prenez cinq minutes pour respirer, vraiment arriver et vous accueillir pleinement chez vous. Ressentez la différence par rapport aux autres soirées.

Aujourd'hui, j'ai médité ? ☐

Jour 55

Je note ma météo intérieure :

Chaque rumination a son schéma

Remarquez si, ces derniers jours, vous avez tendance à suivre un scénario mental interne du genre : « C'est SA faute. » Essayez d'évaluer le poids de ce schéma chez vous (0 = inexistant, 5 = très important). Gardez-le en mémoire, sans l'alimenter bien sûr.

....

....

....

Aujourd'hui, j'ai médité ? ☐

Jour 56

Je note ma météo intérieure :

Conseil

Prenez le temps de vivre juste cet instant, rien d'autre.

Aujourd'hui, j'ai médité ? ☐

Jour 57

LA RESPIRATION - L'ANCRE

L'esprit a une tendance naturelle à dériver, à vagabonder. La pratique de la méditation utilise le souffle comme une ancre pour l'attention. Le souffle est toujours là, régulier et rassurant, même au milieu des tempêtes, et nous empêche de dériver.

Jour 58

Je note ma météo intérieure :

En pratique

Mettez-vous debout, les deux pieds solidement posés sur le sol, écartés de la largeur des hanches. Laissez vos bras tomber le long du corps naturellement. Examinez mentalement les zones de contacts entre vos pieds et le sol… Quelle partie du pied ressent davantage le poids de votre corps ? Commencez par une marche lente. Marchez juste naturellement. Ne pensez pas à votre marche. Laissez aller votre respiration, pour qu'elle soit naturelle sans vouloir la coordonner à votre marche. Si pendant cette marche, votre attention vagabonde, fixez-la sur le souffle, puis revenez aux sensations liées aux mouvements.

Aujourd'hui, j'ai médité ? ☐

Jour 59

Je note ma météo intérieure :

Psychologie positive

Dire bonjour en étant vraiment présent à soi, mais aussi aux autres, est un bon exercice. D'abord, portez une attention pleine et entière sur l'autre : tournez-vous vraiment vers lui, trouvez la bonne distance, regardez-le avec bienveillance, connectez-vous à lui avant même de lui dire bonjour. Laissez sortir ce mot du plus profond de vous-même, avec toute votre bienveillance, toute votre chaleur, par votre regard, votre sourire, les pauses avant et après l'avoir prononcé. Puis observez en retour le bonjour et la discussion qui s'ensuivent. Notez alors vos sensations.

....

....

Aujourd'hui, j'ai médité ? ☐

Jour 60

Je note ma météo intérieure :

Invitation

Certains, lors de leur méditation, ressentent parfois un inconfort, une douleur. Intégrez alors cela dans l'exercice ! Essayez d'observer cette sensation et la zone où elle est présente avec attention, mais aussi le reste du corps, qui se sent probablement bien ou qui est insensible : réalisez que seule cette petite zone monopolise votre attention. Rétablissez l'équilibre !

Aujourd'hui, j'ai médité ? ☐

Jour 61

Je note ma météo intérieure :

Stop au pilote automatique !

Lorsque vous sortirez aujourd'hui, sur le trajet du travail, pour une course ou une promenade, je vous invite à laisser tomber votre casque ou vos écouteurs et à écouter le paysage sonore autour de vous. Imprégnez-vous de l'ambiance. Que remarquez-vous ?

....

....

....

Aujourd'hui, j'ai médité ? ☐

Jour 62

Je note ma météo intérieure :

ÉMOTIONS

Je souhaite partager aujourd'hui quelques petites phrases pour lâcher prise :
« Le moins est l'ami du mieux. »
« Mieux vaut fait que parfait. »
Asseyez-vous avec ces phrases pendant quelques instants.

Aujourd'hui, j'ai médité ? ☐

Jour 63

Je note ma météo intérieure :

Conseil

Quoi qu'il arrive ou quoi qu'il se soit passé, vous êtes vivant en cet instant.

Aujourd'hui, j'ai médité ? ☐

Jour 64

LES SENS - LE RAISIN SEC

Le raisin sec est souvent avalé rapidement, sans que le mangeur s'attarde sur ses sensations. Méditer en mangeant ou manger en méditant permet de cultiver son attention et de redécouvrir ses faims.

Jour 65

Je note ma météo intérieure :

En pratique

Placez un raisin au creux de votre main. Commencez à l'explorer en faisant appel à tous vos sens. Notez sa couleur, ses plis, les zones d'ombre et de lumière. Servez-vous du toucher pour sentir sa texture. Portez-le à votre nez et notez soigneusement son odeur. Puis, approchez-le de votre oreille, faites-le crisser ou rouler entre vos doigts et écoutez-le. À présent, portez-le lentement à votre bouche. Puis mettez-le sur votre langue, sans le croquer. Explorez seulement les sensations à l'intérieur de la bouche. Et quand vous êtes prêt, mordez délibérément dans le raisin sec et notez la saveur qu'il dégage. Mâchez lentement, soyez conscient de sa consistance. Avalez puis soyez attentif aux sensations de l'aliment qui descend dans la gorge, puis dans l'œsophage, jusqu'à l'estomac.

Aujourd'hui, j'ai médité ? ☐

Jour 66

Je note ma météo intérieure :

Psychologie positive

Souriez. Souriez maintenant, même si vous n'avez pas envie de sourire. Surtout si vous n'avez pas envie de sourire. Quel effet cela vous fait-il ? Ressentez l'effet physique sur votre visage et l'effet psychologique que vous ressentez. Détendez-vous.

Aujourd'hui, j'ai médité ? ☐

Jour 67

Je note ma météo intérieure :

INVITATION

Réussissez-vous à trouver le temps pour méditer ? *« Une demi-heure de méditation est essentielle, sauf quand on est très occupé. Alors une heure est nécessaire »*, dit saint François de Sales. Votre motivation est ici essentielle pour trouver le temps, pour imposer cette pause de non-faire au milieu d'un déluge d'actions et de mouvements : repensez à votre intention profonde pour méditer et aux bénéfices à long terme que l'on peut en attendre. Décidez de vous accorder du temps, pour vous, pour prendre soin de votre bien-être mental.

Aujourd'hui, j'ai médité ? ☐

Jour 68

Je note ma météo intérieure :

STOP AU PILOTE AUTOMATIQUE !

Sortez vous promener et adoptez l'attitude d'un touriste. Regardez autour de vous comme si vous découvriez votre environnement, savourez cet instant de liberté comme si vous étiez en vacances.

Aujourd'hui, j'ai médité ? ☐

Jour 69

Je note ma météo intérieure :

Compassion

Notez trois assertions « Je suis... » pouvant vous donner le moral, vous soutenir, en choisissant des mots réconfortants ou stimulants. En vous encourageant ainsi vous-même, peut-être réussirez-vous à vous attirer le soutien des autres.

Aujourd'hui, j'ai médité ? ☐

Jour 70

Je note ma météo intérieure :

Conseil

Aujourd'hui est un bon jour pour… sourire.

Aujourd'hui, j'ai médité ? ☐

Jour 71

LES ÉMOTIONS - LES BULLES DE SAVON

En méditation, il arrive qu'on se sente gêné par une posture, par des émotions, par des sentiments qui nous traversent. N'oublions pas alors qu'ils sont éphémères et passeront, comme les bulles de savon.

Jour 72

Je note ma météo intérieure :

En pratique

Connectez-vous à votre souffle. Si vous êtes traversé par des sensations physiques, des émotions ou des pensées, contentez-vous de les contempler comme des bulles de savon que vous auriez faites, en les isolant et en les distinguant les unes de autres, sans jugement.

Observez comment, poussées par votre souffle régulier, elles vont disparaître doucement de votre esprit. Les pensées, les émotions qui s'envolent sont comme les bulles : elles vont se désagréger si on est assez patient. Laissez-les donc s'éloigner et s'évanouir, sans vous y accrocher mais sans détourner le regard.

Aujourd'hui, j'ai médité ? ☐

Jour 73

Je note ma météo intérieure :

Psychologie positive

« Si vous avez l'impression d'être trop petit pour pouvoir changer quelque chose, essayez donc de dormir avec un moustique et vous verrez lequel des deux empêche l'autre de dormir. »

Dalaï-lama

Aujourd'hui, j'ai médité ? ☐

Jour 74

Je note ma météo intérieure :

Invitation

Digital détox ! Avant d'envoyer un mail à quelqu'un, prenez un petit moment pour penser à cette personne en tant qu'être humain.

Aujourd'hui, j'ai médité ? ☐

Jour 75

Je note ma météo intérieure :

Stop au pilote automatique !

Choisissez un objet ordinaire autour de vous. Regardez-le comme s'il était sacré. Voyez quels détails vous pouvez remarquer, sa forme, sa texture, ses reflets, l'espace qu'il occupe. En quoi sa présence change-t-elle l'environnement dans lequel il se trouve ? Appréciez le changement qui s'opère dans votre esprit lors de cette mini-méditation informelle.

Aujourd'hui, j'ai médité ? ☐

Jour 76

Je note ma météo intérieure :

Compassion

« Vous êtes formidable. » Qu'éprouvez-vous lorsque vous recevez un compliment, un cadeau ou de l'aide de la part de quelqu'un ? L'acceptez-vous naturellement, spontanément, avec gratitude, ou avez-vous plutôt tendance à dresser des barrières mentales face à la bonté de ces gestes ?

....

....

....

Aujourd'hui, j'ai médité ? ☐

Jour 77

Je note ma météo intérieure :

Conseil

Aujourd'hui est le début de… ce que vous voulez !

Aujourd'hui, j'ai médité ? ☐

Jour 78

LES PENSÉES - LA BOULE À NEIGE

L'esprit est comme cette boule à neige : tous les monologues intérieurs, les ruminations, les anticipations, les pensées quotidiennes en lien avec vos activités, les tourments... tout cela se mélange et crée un nuage bien opaque. Mais cette agitation mentale peut naturellement s'apaiser, sans effort, en méditant calmement.

Jour 79

Je note ma météo intérieure :

En pratique

Asseyez-vous pour méditer quelques instants. Si des pensées obscurcissent votre mental, contentez-vous de ne rien faire, de rester patiemment là, de ne pas ajouter des pensées, pour ne pas agiter à nouveau cette timide et précaire sérénité. Observez comment, petit à petit, une forme de clarté mentale revient doucement.
Au bout de quelques minutes, peut-être pourrez-vous contempler avec ravissement l'instant présent… ou peut-être quelques autres pensées subtiles que vous ne distinguiez pas auparavant. Musclez ainsi votre capacité de discernement. Observez ces pensées pour ce qu'elles sont, des constructions mentales, et non ce qu'elles signifient ou ce qu'elles portent avec elles.

Aujourd'hui, j'ai médité ? ☐

Jour 80

Je note ma météo intérieure :

Psychologie positive

Souriez sans raison, la vie va sûrement vous en donner une, ne serait-ce qu'un rayon de soleil, un chant d'oiseau...

Aujourd'hui, j'ai médité ? ☐

Jour 81

Je note ma météo intérieure :

INVITATION

Il peut arriver que vous vous ennuyiez... Essayez simplement d'étudier cet ennui comme une nouvelle émotion ou pensée, comme un objet de curiosité. D'où vient-il ? Où vous emmène-t-il ? Comment le ressentez-vous ?

....

....

....

Aujourd'hui, j'ai médité ? ☐

Jour 82

Je note ma météo intérieure :

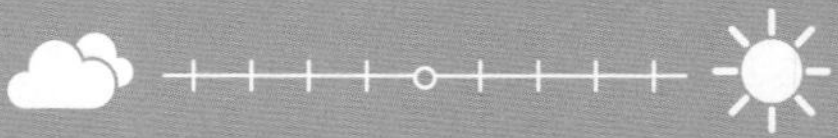

STOP AU PILOTE AUTOMATIQUE !

Essayez, si ce ne pas le cas habituellement, de marcher 30 minutes aujourd'hui (dans la nature, c'est encore mieux).

Aujourd'hui, j'ai médité ? ☐

Jour 83

Je note ma météo intérieure :

Chaque rumination a son schéma

Remarquez si, ces derniers jours, vous avez un filtre mental qui ne vous laisse percevoir que le côté négatif des choses, un détail, par exemple, qui selon vous, gâche tout. Notez combien vous êtes concerné par ce schéma : 0 = pas du tout concerné ; 5 = tout à fait concerné.

....

....

....

Aujourd'hui, j'ai médité ? ☐

Jour 84

Je note ma météo intérieure :

Conseil

Si vous ne l'avez pas fait depuis votre réveil, pensez à respirer !

Aujourd'hui, j'ai médité ? ☐

Jour 85

L'INTENTION - LE VERRE D'EAU

Dans la méditation, il n'y a rien à réussir, rien à atteindre, juste à laisser être. Comme le verre dont on essaie de stabiliser l'eau. Plus on s'acharne, moins le liquide sera lisse. Si on le pose et que l'on ne fait plus rien, l'eau se stabilisera d'elle-même.

Jour 86

Je note ma météo intérieure :

En pratique

Notez votre tendance à vouloir forcer votre esprit à être calme, à résister aux éventuels vagabondages, à vouloir dompter votre mental : c'est normal, mais vous n'avez pas besoin de cela. Acceptez que, pour un temps, vous ne puissiez rien calmer de votre propre chef.

Aujourd'hui, j'ai médité ? ☐

Jour 87

Je note ma météo intérieure :

Psychologie positive

Rappelez-vous un moment où vous avez fait quelque chose de généreux et de positif pour une autre personne. N'oubliez pas de prendre le temps de vous féliciter.

Aujourd'hui, j'ai médité ? ☐

Jour 88

Je note ma météo intérieure :

Invitation

Comment conserver, après une séance de méditation, ce calme si particulier ? Essayez d'identifier les petits moments qui marquent votre journée (s'asseoir, ouvrir une porte, marcher...), qui reviennent chaque jour à coup sûr et qui pourraient devenir des rappels discrets à votre conscience, par association d'idées.

Aujourd'hui, j'ai médité ? ☐

Jour 89

Je note ma météo intérieure :

Stop au pilote automatique !

En allant vous coucher ce soir, ressentez le lit qui vous accueille. Laissez-le vous supporter. Ressentez le contact avec le matelas et la gravité. Prenez quelques secondes pour laisser émerger un sentiment de détente et de sécurité.

Aujourd'hui, j'ai médité ? ☐

Jour 90

Je note ma météo intérieure :

ÉMOTIONS

Au cœur d'une crise de colère, un moment de patience, une respiration plus ample, une reconnexion à vos sensations physiques..., peuvent souvent épargner de nombreux moments de regrets.

Aujourd'hui, j'ai médité ? ☐

Jour 91

Je note ma météo intérieure :

Conseil

Votre corps est là, j'espère que vous ne l'avez pas oublié. Je vous invite à contracter tout votre corps pendant quelques secondes en inspirant. Puis à le relâcher à fond en expirant. Notez ce que vous observez alors.

....

....

....

Aujourd'hui, j'ai médité ? ☐

Jour 92

L'OUVERTURE - LE DESSIN SUR L'EAU

Après un peu d'entraînement à la méditation, on constate que notre esprit peut parfois être calme et lisse. Nos pensées peuvent le brouiller un temps, puis disparaître doucement comme des dessins sur la surface de l'eau.

Jour 93

Je note ma météo intérieure :

En pratique

Posez-vous quelques instants dans une posture confortable le dos droit. Imaginez que vous dessinez ou écrivez avec vos doigts à la surface de l'eau calme et silencieuse d'un lac immobile ; que se passe-t-il ? Sur l'instant, vous pouvez reconnaître ce que vous avez dessiné, mais ensuite, des vaguelettes ou des ondes emplissent la zone de dessin et vous ne pouvez rapidement plus rien discerner. Si vous attendez encore, la surface redeviendra aussi lisse qu'au départ, et les dessins et écritures auront disparu.

Aujourd'hui, j'ai médité ? ☐

Jour 94

Je note ma météo intérieure :

Psychologie positive

« En suivant le chemin qui s'appelle plus tard,
nous arrivons sur la place qui s'appelle jamais. »

Sénèque

Aujourd'hui, j'ai médité ? ☐

Jour 95

Je note ma météo intérieure :

INVITATION

L'une des clés est la régularité. Notez ce qui peut vous aider : le même horaire à chaque fois ? Le même endroit ? Utilisez peut-être la fonction « coup de pouce » dans l'application qui vous rappelle de méditer au moment où vous le souhaitez. Et, surtout, ne culpabilisez pas si vous ne méditez pas, mais essayez juste d'y revenir, encore et encore.

....

....

Aujourd'hui, j'ai médité ? ☐

Jour 96

Je note ma météo intérieure :

Stop au pilote automatique !

En regardant la télévision ou l'ordinateur, détendez-vous un peu plus en ressentant la sensation de votre corps sur la chaise, le canapé ou le lit. Élargissez votre présence à votre corps, et pas seulement à l'écran.

Aujourd'hui, j'ai médité ? ☐

Jour 97

Je note ma météo intérieure :

COMPASSION

C'est le jour ? Que pourriez-vous entreprendre pour vous révéler pleinement et profiter de vos qualités ? Pensez à une action en particulier, même minuscule, que vous pourriez initier dans votre vie aujourd'hui même, et dont vous pensez qu'elle pourrait vous rendre plus heureux, puis notez-la.

....

....

....

Aujourd'hui, j'ai médité ? ☐

Jour 98

Je note ma météo intérieure :

Conseil

Votre liste de choses à faire pour la journée : inspirez, expirez, inspirez, expirez... Contentez-vous de cela, le reste va suivre...

Aujourd'hui, j'ai médité ? ☐

Jour 99

LE CORPS - LA GUITARE

Il arrive que l'on peine à méditer, en étant parfois trop concentré ou au contraire en étant trop relâché, à la limite de s'assoupir. Il faut trouver le bon équilibre, le bon dosage, comme lorsque l'on accorde une guitare. La posture du corps permet notamment de trouver ce bon équilibre : bien éveillé, mais relâché et confortable.

Jour 100

Je note ma météo intérieure :

En pratique

Prenez le temps de trouver le bon moment, le bon endroit, la bonne posture pour « vous accorder » avant de commencer à méditer. Une posture juste apparaît doucement comme une évidence, même si elle peut changer au cours de la pratique d'une même séance.

Aujourd'hui, j'ai médité ? ☐

Jour 101

Je note ma météo intérieure :

Psychologie positive

Vous arrive-t-il parfois de faire des critiques gratuites, qui vous aident même peut-être à vous défouler ? Quelles critiques pourriez-vous renoncer à exprimer aujourd'hui ?

....

....

....

Aujourd'hui, j'ai médité ? ☐

Jour 102

Je note ma météo intérieure :

Invitation

Comment trouver la motivation et la garder ? Un pas très important est de réussir à savoir quelle est votre motivation profonde, sans que cette recherche soit justement un but précis à atteindre.

Aujourd'hui, j'ai médité ? ☐

Jour 103

Je note ma météo intérieure :

STOP AU PILOTE AUTOMATIQUE !

Aujourd'hui, essayez d'écouter le plus profondément possible les personnes qui vous entourent. Observez leurs gestes, écoutez leurs mots, ressentez leurs émotions. Remarquez vos propres réactions. Restez doux avec vous-même et laissez cette douceur infuser dans vos interactions.

Aujourd'hui, j'ai médité ? ☐

Jour 104

Je note ma météo intérieure :

Compassion

Prenez un moment pour porter vos mains sur votre cœur. Inspirez profondément et visualisez votre cœur en train de battre, sereinement. En expirant, ressentez la chaleur de votre cœur passer dans vos mains.

Aujourd'hui, j'ai médité ? ☐

Jour 105

Je note ma météo intérieure :

Conseil

Aujourd'hui, accordez-vous un moment simplement pour respirer et apprécier tout ce que vous avez accompli depuis hier et la somme de tous ces instants présents qui vous ont fait grandir : bravo !

Aujourd'hui, j'ai médité ? ☐

Jour 106

LA RESPIRATION - LA HOULE

En prêtant attention au souffle pendant une méditation, on réalise qu'il est toujours là, mais aussi toujours différent : parfois court, parfois ample, parfois profond, parfois hésitant, parfois irrégulier… Comme la houle !

Jour 107

Je note ma météo intérieure :

En pratique

Allongez-vous sur le dos et prenez trois belles respirations. Portez votre attention sur votre ventre et les vêtements qui le couvrent ; notez leur mouvement : ils montent puis descendent. Ils passent par des creux, puis des hauts. Notez le rythme, notez l'amplitude. Comme si la houle parcourait votre corps.

Aujourd'hui, j'ai médité ? ☐

Jour 108

Je note ma météo intérieure :

Psychologie positive

Que possédez-vous qui vous réjouit et que vous n'appréciez pourtant pas assez au quotidien ? Parmi vos biens matériels comme votre situation de vie...

Aujourd'hui, j'ai médité ? ☐

Jour 109

Je note ma météo intérieure :

Invitation

S'il vous arrive de ressentir de la colère, de l'anxiété, de la tristesse ou de la peur quand vous méditez, exercez-vous à reconnaître ces sentiments, à les accompagner, et entraînez-vous à les regarder passer.

Aujourd'hui, j'ai médité ? ☐

Jour 110

Je note ma météo intérieure :

Stop au pilote automatique !

Lors de la préparation du repas, autorisez-vous à être pleinement présent à l'expérience qui se déroule. Éteignez la radio, la télévision, l'ordinateur. Soyez pleinement présent aux sensations, aux bruits, aux odeurs, aux goûts. Ressentez les textures.

Aujourd'hui, j'ai médité ? ☐

Jour 111

Je note ma météo intérieure :

Chaque rumination a son schéma

Remarquez si, ces derniers jours, vous avez tendance à surgénéraliser : « C'est toujours comme ça », « Ce n'est jamais ainsi », « Je rate tout », etc. Notez combien vous êtes concerné par ce schéma : 0 = pas du tout concerné ; 5 = tout à fait concerné.

....

....

....

Aujourd'hui, j'ai médité ? ☐

Jour 112

Je note ma météo intérieure :

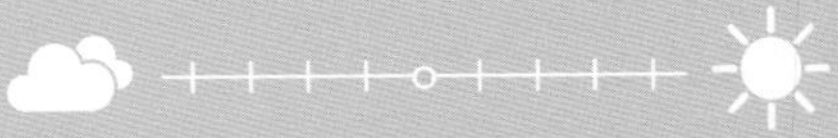

Conseil

Comment allez-vous aujourd'hui ?

- Bien : super, profitez, mais ne vous attachez pas trop non plus à ce sentiment de bien-être.
- Mal : il y a des jours où la meilleure chose à faire, c'est de prendre une belle et profonde respiration : tout se passe bien, vous êtes vivant ! Continuez !

Aujourd'hui, j'ai médité ? ☐

Jour 113

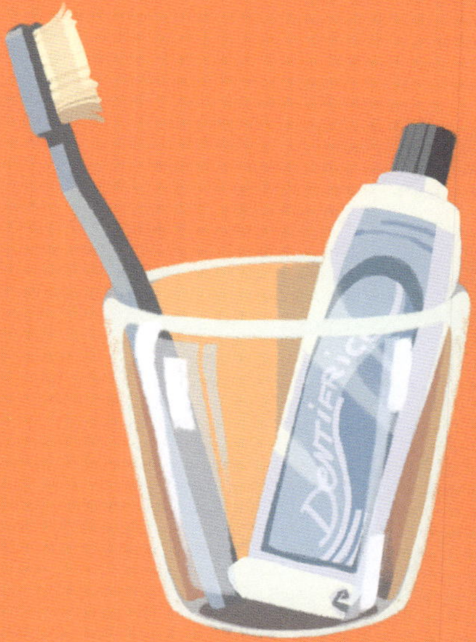

LES SENS - LA BROSSE À DENTS

Être conscient, instant après instant, de ce que l'on fait permet de redécouvrir un certain nombre d'activités que l'on réalise souvent en pilote automatique, absorbé par son mental et loin de ses sens : se brosser les dents en est un exemple.

Jour 114

Je note ma météo intérieure :

En pratique

Notez d'abord les bruits dans la salle de bains. Puis, soyez attentif à l'odeur du dentifrice que vous étalez sur votre brosse à dents. Remarquez sa texture et son goût alors que vous introduisez la brosse dans votre bouche et que vous réalisez les premiers mouvements. Restez conscient des bruits de va-et-vient de votre brosse, des sensations de la mousse qui grossit dans votre bouche, des sensations au niveau de vos gencives ou de vos lèvres...

Aujourd'hui, j'ai médité ? ☐

Jour 115

Je note ma météo intérieure :

Psychologie positive

« La vie est un mystère qu'il faut vivre et non un problème à résoudre. »

Gandhi

Aujourd'hui, j'ai médité ? ☐

Jour 116

Je note ma météo intérieure :

INVITATION

Un sentiment de stagnation ? Revenez alors à votre motivation initiale, à votre intention profonde. Où en êtes-vous aujourd'hui ? Vos motivations ont-elles évolué ? Quelles sont-elles ?

Aujourd'hui, j'ai médité ? ☐

Jour 117

Je note ma météo intérieure :

Stop au pilote automatique !

Lorsque vous travaillez, à votre bureau ou ailleurs, faites une micro-pause aujourd'hui pour remarquer votre respiration. Prêtez-y attention pendant 3 ou 4 respirations. Ressentez-les pleinement.

Aujourd'hui, j'ai médité ? ☐

Jour 118

Je note ma météo intérieure :

Émotions

Si vous suivez votre météo intérieure avec cette éphéméride, avez-vous remarqué qu'elle varie de jour en jour, parfois beaucoup, parfois subtilement, souvent sans que vous y puissiez quoi que ce soit ? Notez cette impermanence : tout passe, instant après instant.

Aujourd'hui, j'ai médité ? ☐

Jour 119

Je note ma météo intérieure :

Conseil

Si vous tentez toujours de courir ou de vous contorsionner pour les autres, vous risquez de passer à côté de quelque chose d'extraordinaire : vous-même !

Aujourd'hui, j'ai médité ? ☐

Jour 120

LES ÉMOTIONS - LA CAPUCHE

Méditer ne revient pas à s'isoler du reste du monde, dans sa bulle : contentez-vous d'ouvrir votre esprit à toutes les sensations, pensées, émotions, et accueillez-les avec bienveillance. Elles ne doivent cependant pas trop imprégner votre esprit – parfois, il est bon de se protéger d'une capuche et d'attendre qu'elles passent.

Jour 121

Je note ma météo intérieure :

En pratique

Imaginez que, lors d'une promenade, vous êtes survolé par des oiseaux. Gardez un œil sur eux, c'est ainsi, ils sont là, tout près de votre tête. Si cela devient trop oppressant, alors ramenez à nouveau votre attention à votre souffle, imaginez que vous relevez avec douceur votre capuche pour simplement empêcher les oiseaux de faire leur nid dans vos cheveux.

Aujourd'hui, j'ai médité ? ☐

Jour 122

Je note ma météo intérieure :

Psychologie positive

Prenez un stylo et placez-le durant quelques minutes entre vos dents. Cet exercice vous force à sourire ! Observez l'impact éventuel sur votre humeur. Faites de même en mettant votre stylo sur votre lèvre supérieure, sous le nez. Cela vous force à faire la moue ! Quel impact sur votre humeur, cette fois ?

....

....

....

Aujourd'hui, j'ai médité ? ☐

Jour 123

Je note ma météo intérieure :

INVITATION

Vous est-il déjà arrivé d'être interrompu ou dérangé en cours de méditation ? Vous serez alors peut-être un peu contrarié, mais laissez être ce sentiment pour l'observer attentivement et pour comprendre où et comment apparaît cette frustration dans votre corps et votre esprit. Cela devient ainsi partie intégrante de l'exercice !

Aujourd'hui, j'ai médité ? ☐

Jour 124

Je note ma météo intérieure :

STOP AU PILOTE AUTOMATIQUE !

Choisissez un objet qui a une importance particulière pour vous et regardez-le pendant une minute. Accordez-y toute votre attention, sans vous attacher à une pensée en particulier. Laissez cet objet affecter votre esprit et votre humeur. Comment vous sentez-vous alors ?

....

....

....

Aujourd'hui, j'ai médité ? ☐

Jour 125

Je note ma météo intérieure :

Compassion

Adressez-vous une lettre d'encouragement, voire d'amour. Commencez par écrire au moins quelques lignes ci-dessous. Notez les résistances pour l'écrire, mais aussi les sensations quand vous la relisez. Puis écrivez la lettre définitive et envoyez-la-vous par la poste. Pour de vrai !

....

....

....

Aujourd'hui, j'ai médité ? ☐

Jour 126

Je note ma météo intérieure :

Conseil

Aujourd'hui, essayez d'offrir un compliment sincère – aussi minime soit-il – à quelqu'un. Remarquez ce que vous ressentez. Souvent, c'est simple, c'est gratuit et vous vous en sentez d'autant mieux.

Aujourd'hui, j'ai médité ? ☐

Jour 127

LES PENSÉES - LA PLUIE

Avec un entraînement à la méditation, on peut apprendre à couvrir pleinement de son attention un objet (ou un son, une sensation, un goût...) pendant quelques minutes, sans interruption, comme une pluie qui tombe en rideau et imprègne tout.

Jour 128

Je note ma météo intérieure :

EN PRATIQUE

Imaginez que votre attention est comme une légère pluie dont les gouttes atteignent et imprègnent chaque surface exposée : vous êtes pleinement attentif à tout, en vous et autour de vous. Remarquez si des pensées perturbent votre mental. Laissez ces perturbations se faire absorber par votre attention, tout comme la pluie nettoie l'air de ses poussières. Notez le retour du calme et de la lucidité – alors que quelques pensées traversent votre mental, prenez un peu de recul et constatez combien l'esprit est spacieux.

Aujourd'hui, j'ai médité ? ☐

Jour 129

Je note ma météo intérieure :

Psychologie positive

Essayez de tester plusieurs sourires tout au long de votre journée : un léger juste avec la bouche, juste avec les yeux, avec les deux, un large sourire avec la bouche. Soyez attentif à vos sensations au niveau des muscles du visage, mais aussi dans tout votre corps. Comment cela affecte-t-il votre humeur ?

Aujourd'hui, j'ai médité ? ☐

Jour 130

Je note ma météo intérieure :

Invitation

Impatient de ressentir des bénéfices à la pratique de la méditation ? Dès vos premières séances, des choses changent déjà en vous, mais prenez le temps de ressentir les effets sur le moyen/long terme. La pratique de la méditation est d'une telle finesse que l'on découvre sans cesse de nouvelles choses en méditant : de nouvelles pistes ou de nouveaux bénéfices.

Aujourd'hui, j'ai médité ? ☐

Jour 131

Je note ma météo intérieure :

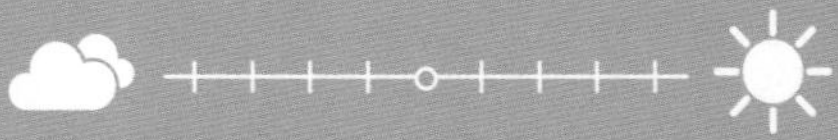

Stop au pilote automatique !

Quand vous ressentez de l'ennui, suspendez votre jugement pendant une minute et ne vous jetez pas sur votre Smartphone ou vos films intérieurs. Soyez curieux : observez cet ennui. Comment se manifeste-t-il dans votre corps ? Dans vos émotions ? Dans vos pensées ? Comment vous sentez-vous, par rapport à cet ennui ? Agacé, indifférent, perplexe, ou carrément en colère ? Ressentez-le pleinement sans en avoir peur.

....

....

Aujourd'hui, j'ai médité ? ☐

Jour 132

Je note ma météo intérieure :

Compassion

Choisissez une personne à qui vous devez beaucoup et profitez d'un moment dans cette journée pour la remercier du fond du cœur : par un SMS, une parole, un appel, un mot... Décrivez ci-dessous en termes précis ce que cette personne a fait, pourquoi vous êtes reconnaissant envers cette personne et ce qu'elle a fait (ou fait encore), et en quoi cela a affecté ou affecte encore votre vie. Essayez d'être le plus concret possible.

....

....

Aujourd'hui, j'ai médité ? ☐

Jour 133

Je note ma météo intérieure :

Conseil

Méditer ne permet pas d'arrêter de penser ou de choisir sa prochaine pensée. Mais cela donne le choix d'y prêter attention ou pas, d'y croire ou pas, de vous identifier à elle ou pas.

Aujourd'hui, j'ai médité ? ☐

Jour 134

L'INTENTION - LA PLANTE VERTE

Méditer est une forme d'hygiène mentale : la pratique doit être régulière, même si parfois, elle ne peut être que brève, comme lorsque l'on s'occupe d'une plante verte chez soi. Créer une habitude n'est pas toujours facile.

Jour 135

Je note ma météo intérieure :

En pratique

Prenez quelques instants avant de vous asseoir pour méditer afin de penser à la fréquence de votre pratique. Certains jours, pour quelles raisons décidez-vous de ne pas méditer ? Manque de temps, de disponibilité, de courage ? Vous arrive-t-il parfois de vouloir méditer une fois de temps en temps pendant un long moment pour « rattraper » le temps perdu ?

Aujourd'hui, j'ai médité ? ☐

Jour 136

Je note ma météo intérieure :

Psychologie positive

« Hier, j'étais intelligent et je voulais changer le monde. Aujourd'hui, je suis sage et je me change moi-même. »

Rumî

Aujourd'hui, j'ai médité ? ☐

Jour 137

Je note ma météo intérieure :

INVITATION

À quel moment avez-vous pris conscience de votre besoin de méditer, de prendre soin de vous ? Quel a été précisément le déclencheur ?

....

....

....

Aujourd'hui, j'ai médité ? ☐

Jour 138

Je note ma météo intérieure :

Stop au pilote automatique !

Approchez-vous d'un arbre et tenez-vous debout face à lui, les pieds fermement plantés dans le sol. Détendez-vous, faites une pause. Observez-le : son tronc, son écorce, ses branches, ses feuilles ou ses épines, ses bourgeons, ses fleurs, les fourmis et les oiseaux qui s'y posent. Écoutez-le. Appréciez-le. Souvenez-vous que c'est un être vivant, comme vous.

Aujourd'hui, j'ai médité ? ☐

Jour 139

Je note ma météo intérieure :

Chaque rumination a son schéma

Remarquez si, ces derniers jours, vous avez tendance à transformer les expériences neutres ou positives en expériences négatives, à disqualifier ce qui est pourtant positif. Notez combien vous êtes concerné par ce schéma : 0 = pas du tout concerné ; 5 = tout à fait concerné.

Aujourd'hui, j'ai médité ? ☐

Jour 140

Je note ma météo intérieure :

Conseil

À force d'attendre le « bon moment », on oublie que le bon moment est peut-être bien « maintenant ».

Aujourd'hui, j'ai médité ? ☐

Jour 141

L'OUVERTURE – LE GRAIN DE SEL

Comme le grain de sel se dissout dans l'eau, la méditation amène à ne faire plus qu'un avec la réalité qui nous entoure. Elle nous permet de nous ouvrir au monde pour mieux le percevoir.

Jour 142

Je note ma météo intérieure :

En pratique

Portez sur la réalité un regard tel qu'il n'existe plus de frontière entre sujet et objet. Pendant quelques instants, vous êtes votre souffle, vous faites UN avec lui. Puis essayez d'être vos sensations corporelles... Enfin, votre attention n'a plus d'objet particulier. Laissez-vous être, juste là, pleinement réel et authentique.

Aujourd'hui, j'ai médité ? ☐

Jour 143

Je note ma météo intérieure :

Psychologie positive

Saviez-vous que l'on a tendance à progressivement anesthésier notre ressenti de plaisir, de bonheur ou de joie ? La première bouchée ou gorgée est toujours meilleure que la dixième. En effet, on finit par s'habituer et dévaluer les petits plaisirs récurrents : on appelle cela « l'habituation hédonique ». Une bonne raison pour être vraiment présent dans l'instant et l'apprécier pleinement.

Aujourd'hui, j'ai médité ? ☐

Jour 144

Je note ma météo intérieure :

Invitation

Depuis que vous méditez, avez-vous parfois l'impression de réussir à répondre aux situations plutôt que de réagir aveuglément ? Si c'est le cas, rappelez-vous deux ou trois de ces situations et notez-les.

....

....

....

Aujourd'hui, j'ai médité ? ☐

Jour 145

Je note ma météo intérieure :

Stop au pilote automatique !

Sortez marcher à l'improviste. Allez vous promener sans but. Autorisez-vous à flâner. Ne cherchez pas à aller quelque part. Laissez votre intuition vous guider à chaque instant. Allez « là où le cœur vous en dit ». Ressentez l'atmosphère autour de vous, observez ce que vous voyez, entendez, sentez.

Aujourd'hui, j'ai médité ? ☐

Jour 146

Je note ma météo intérieure :

ÉMOTIONS

Aujourd'hui, nous allons faire un zoom sur une émotion, afin d'entraîner la subtilité de votre attention : je vous invite à vous souvenir d'un moment plus ou moins récent où vous avez éprouvé de la joie. Où ressentiez-vous cette émotion dans votre corps ? Ressentez-vous toujours la même chose, avec la même intensité ? Quel regard portez-vous sur ce moment ?

....

....

Aujourd'hui, j'ai médité ? ☐

Jour 147

Je note ma météo intérieure :

Conseil

Aujourd'hui, le moment est peut-être venu de faire le premier pas vers la résolution d'un conflit qui vous taraude. Ce pas vers l'autre peut probablement ramener la paix dans votre cœur.

Aujourd'hui, j'ai médité ? ☐

Jour 148

LE CORPS - LA MAISON

Il faut prendre soin de son corps, car on y habite toute sa vie, comme dans une maison. L'alimentation et l'exercice sont essentiels, mais méditer permet de prendre l'habitude de se connecter à lui, d'être attentif aux sensations, aux zones de confort ou d'inconfort et d'observer, par l'expérience, les liens multiples entre le mental et le corps.

Jour 149

Je note ma météo intérieure :

En pratique

Portez votre attention sur votre corps dans son ensemble : les battements de votre cœur, le sang qui circule, les organes qui travaillent, les sensations de chaleur, les informations qui passent dans vos neurones... Il bouillonne d'activités, parfois avec l'aide de votre esprit et souvent sans que vous en soyez conscient. Reconnaissez cela, observez chaque sensation, interne ou externe, qui émerge, avec curiosité...

Aujourd'hui, j'ai médité ? ☐

Jour 150

Je note ma météo intérieure :

Psychologie positive

Faites ou dites quelque chose d'aimable à quelqu'un sans raison ou sans attendre de merci ou de récompense : remarquez si cela résonne avec votre propre pratique.

Aujourd'hui, j'ai médité ? ☐

Jour 151

Je note ma météo intérieure :

Invitation

Avez-vous un souvenir récent où vous vous êtes montré impatient ? Que s'est-il passé ensuite ? Pour vous – dans les faits, mais aussi intérieurement –, pour les autres, pour les relations ? Referiez-vous la même chose ?

Aujourd'hui, j'ai médité ? ☐

Jour 152

Je note ma météo intérieure :

Stop au pilote automatique !

Tenez-vous debout dans une pièce de votre maison. Pendant une minute environ, observez devant vous. Que voyez-vous ? Ne cherchez pas à interpréter, laissez le monde visuel venir à vous.

Aujourd'hui, j'ai médité ? ☐

Jour 153

Je note ma météo intérieure :

Compassion

Pensez à quelqu'un qui est particulièrement doué pour écouter avec bienveillance. Qu'y a-t-il dans ses comportements, son attitude, sa manière de faire ou de parler, qui vous permet de percevoir qu'elle vous écoute pleinement ? Que ressentez-vous quand vous communiquez avec elle ? Comment s'inspirer de son attitude ?

Aujourd'hui, j'ai médité ? ☐

Jour 154

Je note ma météo intérieure :

CONSEIL

N'attendez plus. Quoi que vous ayez envie de faire, faites-le maintenant !

Aujourd'hui, j'ai médité ? ☐

Jour 155

LA RESPIRATION - LE CHOCOLAT CHAUD

Afin de garder votre attention sur votre souffle, vous pouvez faire un exercice de visualisation et imaginer que vous inspirez de l'air pur, mais aussi de l'amour, du calme, ou juste quelque chose de savoureux comme un chocolat chaud. Vous pouvez aussi imaginer que vous expirez des tensions, des contrariétés, ou juste de l'air pour refroidir ce même chocolat chaud.

Jour 156

Je note ma météo intérieure :

En pratique

Posez votre boisson chaude devant vous. Gardez les yeux fermés ou mi-clos et restez bien immobile. De la vapeur un peu chaude et humide se dégage du bol, penchez-vous pour vérifier si vous la ressentez sur votre nez, vos joues, votre front. Profitez de cet exercice pour être en contact direct avec vos sensations. Si votre boisson est trop chaude, aidez-la à refroidir : prenez une grande inspiration par le nez en gonflant votre ventre... Maintenant, soufflez doucement par la bouche. En soufflant, vos épaules redescendent et votre ventre se vide lentement.

Aujourd'hui, j'ai médité ? ☐

Jour 157

Je note ma météo intérieure :

Psychologie positive

« On ne se débarrasse pas d'une habitude en la flanquant par la fenêtre ; il faut lui faire descendre l'escalier marche par marche. »

Mark Twain

Aujourd'hui, j'ai médité ? ☐

Jour 158

Je note ma météo intérieure :

INVITATION

Remarquez quand surviennent des schémas de pensées culpabilisants (« je n'ai pas assez médité cette semaine », « j'ai trop mangé »...). Restez quelques instants avec les sensations qui les accompagnent, puis laissez passer ces pensées qui ne sont, elles aussi, que des constructions mentales.

Aujourd'hui, j'ai médité ? ☐

Jour 159

Je note ma météo intérieure :

Stop au pilote automatique !

Regardez votre esprit comme si vous regardiez la télévision ou un film au cinéma. Que remarquez-vous ? Quel genre de programme est-ce ? Remarquez la capacité de votre esprit à créer des scénarios, à inventer des narrations. Que ressentez-vous en prenant ainsi un peu de distance par rapport à votre spectacle mental ?

Aujourd'hui, j'ai médité ? ☐

Jour 160

Je note ma météo intérieure :

Compassion

Prononcez cette affirmation : « Je suis totalement aimé et pleinement digne d'amour. » Décrivez ci-dessous les pensées et les sentiments que cette phrase déclenche en vous. Pourriez-vous vous approprier ces mots et les faire vôtres ? Observez cela avec curiosité.

....

....

....

Aujourd'hui, j'ai médité ? ☐

Jour 161

Je note ma météo intérieure :

Conseil

La vie est courte. Il faut ralentir.

Aujourd'hui, j'ai médité ? ☐

Jour 162

LES SENS – LA DOUCHE

La douche est une activité qu'on a parfois du mal à faire en étant pleinement présent. Pourtant, c'est une activité agréable pour l'esprit et le corps, au cours de laquelle on prend soin de soi. Malheureusement on l'effectue souvent machinalement, perdu dans ses pensées.

Jour 163

Je note ma météo intérieure :

En pratique

Concentrez-vous simplement sur ce que vous êtes en train de faire alors que vous êtes en train de le faire réellement. Notez si votre esprit vagabonde : il se peut que vous soyez déjà en réunion de travail et que tous vos collègues soient dans la salle de bains avec vous ! Revenez aux sensations de l'eau qui coule sur votre corps : est-elle chaude ou tiède ?

Alors que vous êtes sous la douche, ouvrez aussi vos autres sens : quelles sont les parfums qui vous accompagnent dans cette activité ? Celle du savon, celle de la lessive avec laquelle vous avez lavé votre serviette... Y a-t-il des bruits particuliers : l'eau qui s'écoule, les bulles de savon qui éclatent ?

Aujourd'hui, j'ai médité ? ☐

Jour 164

Je note ma météo intérieure :

Psychologie positive

Pour vous entraîner à accepter ce qui est, sans pour autant vous résigner, je vous invite à vous entraîner à dire oui à des situations qui n'ont pas votre préférence : oui, il pleut, oui, il y a des bouchons, oui, vous ressentez du stress au travail... Ressentez ce « oui » dans votre corps. Oui, oui, oui !

Aujourd'hui, j'ai médité ? ☐

Jour 165

Je note ma météo intérieure :

Invitation

Un pas après l'autre : certes, réussir à être présent pendant seulement un petit instant ou quelques minutes dans une journée peut sembler minuscule, mais certains instants pèsent parfois plus que d'autres et peuvent changer votre vie.

Aujourd'hui, j'ai médité ? ☐

Jour 166

Je note ma météo intérieure :

STOP AU PILOTE AUTOMATIQUE !

Aujourd'hui, lorsque vous êtes dans une file d'attente, prenez une minute pour respirer.

Aujourd'hui, j'ai médité ? ☐

Jour 167

Je note ma météo intérieure :

Chaque rumination a son schéma

Remarquez si, ces derniers jours, vous avez tendance à sauter rapidement aux conclusions, en pensant connaître les pensées des autres ou à croire vos prédictions pessimistes. Notez votre degré de familiarité avec ce schéma (0 = pas du tout, 5 = très familier).

....

....

Aujourd'hui, j'ai médité ? ☐

Jour 168

Je note ma météo intérieure :

Conseil

Tout en haut de votre liste des tâches à faire pour la journée, notez « NE RIEN FAIRE ». Ce sera peut-être la tâche la plus dure, mais aussi la plus apaisante.

Aujourd'hui, j'ai médité ? ☐

Jour 169

LES ÉMOTIONS - LA MÉTÉO

Nous sommes traversés par des sentiments et des émotions qui changent d'un moment à l'autre, comme la météo. Apprendre à les accepter et les laisser aller est l'un des piliers de la méditation.

Jour 170

Je note ma météo intérieure :

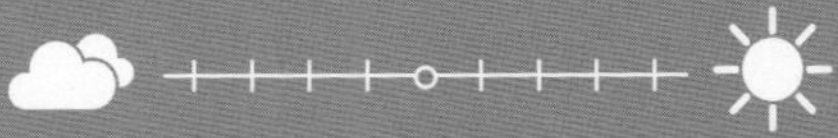

EN PRATIQUE

Asseyez-vous quelques instants en silence. Prenez conscience de votre souffle, puis de vos sensations, de vos pensées, et enfin de vos émotions et vos états d'âme. Pour vous aider, essayez de ressentir quelle est votre météo intérieure. Utiliser un terme un peu abstrait « il fait un beau ciel bleu dans mon esprit », « je sens qu'il pleut en moi » permet de qualifier ses états d'âme, ses humeurs, ce que l'on ressent, parfois mieux qu'avec un vocabulaire sophistiqué.

Aujourd'hui, j'ai médité ? ☐

Jour 171

Je note ma météo intérieure :

Psychologie positive

De quoi pouvez-vous vous réjouir ? Identifiez ces moments, actuels ou anciens, même rares, subtils ou rapides.

Aujourd'hui, j'ai médité ? ☐

Jour 172

Je note ma météo intérieure :

INVITATION

Digital détox ! Quand vous entendez sonner ou vibrer votre téléphone, restez où vous êtes, inspirez profondément et expirez doucement. Écoutez la sonnerie en observant avec curiosité votre envie de décrocher : quelle force a-t-elle ? Est-elle associée à une sensation physique ? À une émotion (appréhension, excitation, curiosité...) ? Si vous êtes emporté par des pensées relatives à cette envie ou à la discussion qui va suivre, souriez et revenez à votre respiration. Laissez-le sonner trois fois, calmement, sereinement. Demeurez juste dans l'instant. Puis décrochez (car vous l'avez décidé et non par réaction automatique).

Aujourd'hui, j'ai médité ? ☐

Jour 173

Je note ma météo intérieure :

Stop au pilote automatique !

Aujourd'hui, prenez votre agenda et réservez un créneau de temps pour vous. Même s'il est court, ce moment sera le vôtre.

Aujourd'hui, j'ai médité ? ☐

Jour 174

Je note ma météo intérieure :

ÉMOTIONS

Aujourd'hui, nous allons faire un zoom sur une émotion : souvenez-vous d'un moment récent où vous avez éprouvé de la tristesse. Où ressentiez-vous cette émotion dans votre corps ? Accueillez-la ! Elle est là, essayez d'accepter sa présence. Ressentez-vous toujours la même chose maintenant ?

....

....

....

Aujourd'hui, j'ai médité ? ☐

Jour 175

Je note ma météo intérieure :

Conseil

Imaginez que la vie est une danse. Quelle danse est-ce pour vous aujourd'hui ? En quoi cette nouvelle perspective change-t-elle la façon dont vous vivez votre journée ?

....

....

....

Aujourd'hui, j'ai médité ? ☐

Jour 176

LES PENSÉES - LE SERPENT

Il est difficile de ne pas s'identifier à ses pensées, à ses raisonnements. Notre esprit est souvent absorbé par l'objet de nos pensées. La méditation peut vous aider à glisser hors du mental, comme un serpent se glisse hors de sa vieille peau.

Jour 177

Je note ma météo intérieure :

En pratique

En étant juste là, à ne rien faire d'autre qu'être conscient de l'expérience qui se déroule, imaginez que vous vous glissez hors de votre mental et de votre ego comme un serpent mue. Laissez tout cela derrière vous, pour ÊTRE, tel que vous êtes, sans couche de narration ou de protection. Restez ainsi quelques instants et notez vos sensations.

Aujourd'hui, j'ai médité ? ☐

Jour 178

Je note ma météo intérieure :

Psychologie positive

« Soyez vous-même, les autres sont déjà pris. »

Oscar Wilde

Aujourd'hui, j'ai médité ? ☐

Jour 179

Je note ma météo intérieure :

INVITATION

Au fait, pourquoi avez-vous décidé de méditer et/ou d'acheter cette éphéméride ? Revenez à la motivation profonde, puis demandez-vous encore pourquoi vous avez vraiment décidé cela.

Aujourd'hui, j'ai médité ? ☐

Jour 180

Je note ma météo intérieure :

Stop au pilote automatique !

Faites un rapide balayage corporel : de vos pieds à la tête, « ressentez » chaque partie du corps que vous scannez, permettez à cette sensation de s'évanouir doucement et reprenez vos activités quotidiennes.

Aujourd'hui, j'ai médité ? ☐

Jour 181

Je note ma météo intérieure :

Compassion

Quels sont les moments où vous vous sentez profondément connecté à vos amis, vos proches ? Comment renforcer cette sensation de connexion, d'amour et de paix avec ces personnes en particulier et avec tous les autres ? Notez trois idées ci-dessous.

Aujourd'hui, j'ai médité ? ☐

Jour 182

Je note ma météo intérieure :

Conseil

Connaissez-vous le TGV ? « Tu Gonfles le Ventre » ! Inspirez et expirez : vous verrez que le souffle peut vous faire revenir très rapidement au moment présent.

Aujourd'hui, j'ai médité ? ☐

Jour 183

L'INTENTION - LA TORTUE

La méditation permet d'apaiser l'esprit et de faire remonter à la surface des pensées, des idées d'une intensité créatrice rafraîchissante. Mais leur apparition n'est possible que lorsque les autres pensées, plus bruyantes, s'apaisent. Comme lorsque la tortue sort la tête de sa carapace quand tout est calme.

Jour 184

Je note ma météo intérieure :

En pratique

Mettez-vous debout, les pieds légèrement écartés et les bras le long du corps. Ne faites rien pendant quelques instants. Puis relevez extrêmement doucement votre bras droit jusqu'à ce qu'il soit horizontal. Laissez-le redescendre encore plus doucement. Ralentissez encore. Puis faites la même chose avec le bras gauche. Soyez attentif à tout ce qui surgit en vous avec cette lenteur exagérée. Notez vos pensées, vos impulsions, vos tentations : désobéissez-leur pour être au rythme que vous avez choisi. Vous n'êtes pas « obligé », vous êtes en résistance !

Aujourd'hui, j'ai médité ? ☐

Jour 185

Je note ma météo intérieure :

Psychologie positive

Pas la peine de chercher une bonne raison : il y a toujours quelque chose pour vous faire sourire ! Profitez-en !

Aujourd'hui, j'ai médité ? ☐

Jour 186

Je note ma météo intérieure :

Invitation

Se sentir heureux quand son esprit est calme est souvent plus aisé mais moins instructif que de se sentir bien au milieu de la confusion et de l'agitation. Notez ici ce que vous aviez ressenti si cela vous est déjà arrivé au moins une fois dans votre vie.

Aujourd'hui, j'ai médité ? ☐

Jour 187

Je note ma météo intérieure :

Stop au pilote automatique !

Trouver quelques instants pour s'asseoir dans un endroit paisible et suivre son souffle est une expérience rare et unique. Notez les adjectifs pour qualifier votre expérience du jour.

....

....

....

Aujourd'hui, j'ai médité ? ☐

Jour 188

Je note ma météo intérieure :

Compassion

Chaque jour de la semaine, prenez une photo ou deux de moments, de personnes, d'objets... qui ont du sens et un impact significatif sur votre vie. Puis, à la fin d'une semaine, faites un petit bilan en les revisionnant : pourquoi ces choses signifient-elles autant pour vous ? Notez ici vos observations.

....

....

....

Aujourd'hui, j'ai médité ? ☐

Jour 189

Je note ma météo intérieure :

Conseil

Ne vous compliquez pas, essayez juste de faire du mieux que vous pouvez, même si vous ne savez pas exactement quoi faire – c'est précisément ça, la magie de la vie.

Aujourd'hui, j'ai médité ? ☐

Jour 190

L'OUVERTURE – L'ARBRE TOMBÉ

La pratique méditative nous apprend à ne plus nous focaliser uniquement sur les pensées ou les sentiments douloureux, mais à nous ouvrir à toutes les pensées et les sentiments qui nous traversent. Comme la chute d'un arbre n'est pas la chute d'une forêt entière, la méditation nous permet de reconnaître que la douleur n'est pas tout.

Jour 191

Je note ma météo intérieure :

En pratique

Posez-vous dans votre souffle comme dans un hamac. Si des inconforts semblent vous perturber, soyez curieux de cela. Notez la place que prend dans votre esprit une douleur ressentie dans votre corps : alors que certaines zones du corps sont détendues ou insensibles, observez à quel point votre attention est spontanément attirée par la douleur ou les inconforts.

Aujourd'hui, j'ai médité ? ☐

Jour 192

Je note ma météo intérieure :

Psychologie positive

Rappelez-vous un moment où vous aviez confiance en vous, où vous vous sentiez fort : quelles étaient les sensations corporelles, les pensées, les émotions qui vous traversaient ? Reconnaissez ces sensations et appréciez cela.

Aujourd'hui, j'ai médité ? ☐

Jour 193

Je note ma météo intérieure :

INVITATION

Combien de fois avez-vous fait le serment, alors que votre esprit est un feu d'artifice de pensées et d'émotions, de prendre du temps pour être plus présent... dans le futur, demain, la semaine prochaine, plus tard ? Remarquez l'ironie de la situation, mais sans vous juger ni vous critiquer. Nous sommes tous comme cela.

Aujourd'hui, j'ai médité ? ☐

Jour 194

Je note ma météo intérieure :

Stop au pilote automatique !

Le silence n'est pas qu'une absence de bruit... C'est une qualité de l'esprit, c'est une expérience que l'on peut faire à tout instant !

Aujourd'hui, j'ai médité ? ☐

Jour 195

Je note ma météo intérieure :

CHAQUE RUMINATION A SON SCHÉMA

Remarquez si, ces derniers jours, vous avez tendance à dramatiser ou à minimiser (« tout le monde va le savoir » ou « coup de chance »). Notez votre degré de familiarité avec ce schéma (0 = pas du tout, 5 = très familier).

Aujourd'hui, j'ai médité ? ☐

Jour 196

Je note ma météo intérieure :

CONSEIL

Pourquoi demande-t-on si souvent ce qu'une personne fait DANS la vie ? Ce qui importe pourtant semble être plutôt ce que chacun de nous fait DE sa vie. Que vous inspire ce constat ?

Aujourd'hui, j'ai médité ? ☐

Jour 197

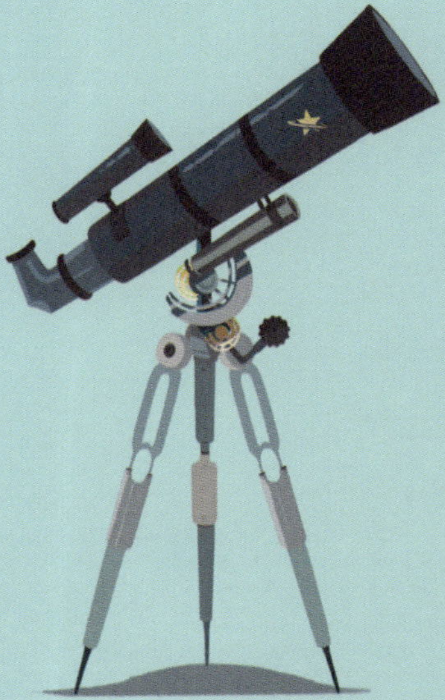

LE CORPS - LA LUNETTE D'ASTRONOME

Au cours de la pratique méditative, on est invité à observer son corps et ses sensations, de façon détachée mais détaillée. Un peu comme lorsque le savant regarde dans sa lunette astronomique pour observer les étoiles.

Jour 198

Je note ma météo intérieure :

En pratique

Essayez de faire une cartographie détaillée de votre corps, comme un astronome, sans juger ou analyser les messages qu'il envoie : notez les endroits détendus, crispés ou insensibles. Continuez à vous entraîner régulièrement pour bien ajuster votre lunette et devenir encore plus subtil et précis dans l'observation de vos sensations corporelles.

Aujourd'hui, j'ai médité ? ☐

Jour 199

Je note ma météo intérieure :

Psychologie positive

« On ne diminue pas son bonheur en le partageant. »

Bouddha

Aujourd'hui, j'ai médité ? ☐

Jour 200

Je note ma météo intérieure :

INVITATION

Avez-vous remarqué combien il est difficile parfois de définir ce qu'est la méditation pour vous ? C'est votre expérience et votre pratique qui doivent vous guider sur la façon d'en parler à vos proches. Au final, on en revient souvent à l'intention profonde qui vous a amené à pratiquer.

Aujourd'hui, j'ai médité ? ☐

Jour 201

Je note ma météo intérieure :

Stop au pilote automatique !

Vous arrive-t-il de lire un paragraphe d'un livre ou d'un article et de réaliser – à la fin – que vous n'avez aucune idée de ce que vous venez de lire ? Souvenez-vous d'une telle situation et notez l'endroit où votre esprit était parti.

Aujourd'hui, j'ai médité ? ☐

Jour 202

Je note ma météo intérieure :

ÉMOTIONS

Aujourd'hui, nous allons mettre la caméra sur vos sensations intérieures lorsque vous éprouvez de la peur : souvenez-vous d'un moment récent où vous avez eu peur. Plutôt que de suivre l'histoire, soyez curieux : où ressentiez-vous cette émotion dans votre corps ? Et maintenant ?

....

....

....

Aujourd'hui, j'ai médité ? ☐

Jour 203

Je note ma météo intérieure :

Conseil

Je vous invite aujourd'hui à ne pas croire toutes vos pensées. Essayez de prendre quelques instants avant de les suivre, de les rejeter, de vous y attacher ou d'en générer de nouvelles…

Aujourd'hui, j'ai médité ? ☐

Jour 204

LA RESPIRATION - LES AIGRETTES DU PISSENLIT

En portant votre attention sur votre inspiration ou votre expiration, il n'y a rien à atteindre ou à réussir, juste devenir le témoin curieux et émerveillé de ce qui se passe en vous et autour de vous. Comme lorsque vous soufflez sur les aigrettes du pissenlit qui restent accrochées, s'envolent, reviennent caresser votre visage avec le vent, puis disparaissent.

Jour 205

Je note ma météo intérieure :

En pratique

Après vous être installé confortablement, prenez trois grandes respirations. Faites cet exercice de visualisation. Quand vous expirez, imaginez que votre souffle fait s'envoler les aigrettes du pissenlit. Si un certain émerveillement vous gagne devant cette magie de la nature, accueillez aimablement les pensées ou émotions qui peuvent faire surface.

Aujourd'hui, j'ai médité ? ☐

Jour 206

Je note ma météo intérieure :

Psychologie positive

Remplacez aujourd'hui dans vos phrases : « je dois » par « je choisis », « je devrais » par « je peux », « il faut » par « je choisis », « essayer » par « faire ». Et observez ce qui se passe pour vous.

Aujourd'hui, j'ai médité ? ☐

Jour 207

Je note ma météo intérieure :

Invitation

Quand nous nous asseyons pour méditer et que nous sommes dérangés par un inconfort, des bruits ou des douleurs, notre condition humaine se rappelle alors à nous et nous comprenons mieux comment et pourquoi notre comportement dans la vie est tel qu'il est.

Aujourd'hui, j'ai médité ? ☐

Jour 208

Je note ma météo intérieure :

STOP AU PILOTE AUTOMATIQUE !

Aujourd'hui, essayez de remarquer toutes les situations où vous n'êtes pas vraiment là, un peu absent à votre vie. Remarquez cela sans vous juger ni changer quoi que ce soit.

Aujourd'hui, j'ai médité ? ☐

Jour 209

Je note ma météo intérieure :

Compassion

Prenez un instant pour penser aux innombrables personnes qui rendent possible votre vie telle qu'elle est. Pas seulement vos parents, mais aussi par exemple ceux qui, depuis des générations ou juste récemment, ont consacré leurs efforts, développé leurs connaissances, donné du cœur… pour construire votre maison, défendre notre liberté, faire pousser des légumes, développer des activités ou découvrir des médicaments… Adressez-leur une petite pensée pleine de gratitude.

Aujourd'hui, j'ai médité ? ☐

Jour 210

Je note ma météo intérieure :

Conseil

Avez-vous remarqué que vous comparer aux autres a tendance à vous frustrer, la plupart du temps ? Pensez plutôt à célébrer votre unicité, vos forces et vos faiblesses.

Aujourd'hui, j'ai médité ? ☐

Jour 211

LES SENS - LE TÉLÉPHONE

Nous avons tendance à nous précipiter pour faire nos activités, que ce soit nous laver, travailler, ou même répondre au téléphone. Nous ne prenons pas le temps de prendre le temps, justement. En cela, la respiration et la pratique méditative nous aident à nous poser.

Jour 212

Je note ma météo intérieure :

En pratique

Lorsque vous entendez le téléphone sonner, vous pouvez imaginer que vous venez d'une autre planète ou d'une autre époque et que vous écoutez cette sonnerie avec une curiosité quasi scientifique : notez attentivement le son, observez ce qui se passe en vous. Comme vous n'avez aucune idée de ce qu'est cet appareil ou de ce que vous devez faire, notez les sensations ou les pensées qui surgissent en vous.

Aujourd'hui, j'ai médité ? ☐

Jour 213

Je note ma météo intérieure :

Psychologie positive

Si vous êtes heureux à l'idée de passer un moment avec une personne, envoyez-lui dès maintenant un message pour lui dire que vous êtes impatient de la voir et pour la remercier pour le rendez-vous à venir !

Aujourd'hui, j'ai médité ? ☐

Jour 214

Je note ma météo intérieure :

Invitation

Au milieu de tout cela, vous êtes vivant !

Aujourd'hui, j'ai médité ? ☐

Jour 215

Je note ma météo intérieure :

STOP AU PILOTE AUTOMATIQUE !

Remarquez le niveau de contraction de votre mâchoire et de votre langue en cet instant précis. Et notez-le...

....

....

Aujourd'hui, j'ai médité ? ☐

Jour 216

Je note ma météo intérieure :

Compassion

Choisissez une personne au hasard qui se trouve près de vous. Silencieusement, souhaitez-lui le bonheur. En utilisant vos propres mots, souhaitez-lui d'être heureuse, en bonne santé et en paix. Notez ici ce que vous ressentez alors.

....

....

....

Aujourd'hui, j'ai médité ? ☐

Jour 217

Je note ma météo intérieure :

Conseil

Le meilleur moyen de rencontrer le silence, ce n'est pas d'attendre passivement qu'il survienne, mais plutôt de faire une pause et d'écouter. C'est votre choix.

Aujourd'hui, j'ai médité ? ☐

Jour 218

LES ÉMOTIONS - LE YO-YO

Nous sommes traversés par des émotions et des sentiments qui oscillent entre le positif et le négatif. Cette oscillation ressemble à celle du yo-yo.

Jour 219

Je note ma météo intérieure :

En pratique

Installez-vous en silence et laissez-vous être. Soyez attentif pendant quelques instants aux sursauts émotionnels, mais aussi aux moments de « plat » émotionnel. Observez ce yo-yo intérieur qui fait quelques va-et-vient, puis s'apaise. Observez comment votre mental passe d'une émotion à l'autre.

Aujourd'hui, j'ai médité ? ☐

Jour 220

Je note ma météo intérieure :

Psychologie positive

« En te levant le matin, rappelle-toi combien précieux est le privilège de vivre, de respirer, d'être heureux. »

Marc Aurèle

Aujourd'hui, j'ai médité ? ☐

Jour 221

Je note ma météo intérieure :

Invitation

Renoncez à tout le reste ! Faites une pause !

Aujourd'hui, j'ai médité ? ☐

Jour 222

Je note ma météo intérieure :

STOP AU PILOTE AUTOMATIQUE !

Posez vos yeux sur cette éphéméride, sans lire quoi que ce soit ; regardez cet objet pendant une minute comme si c'était la première fois que vous le voyiez : sa couleur, sa forme, la texture de sa surface… Si des pensées vous éloignent de cela, revenez à cette observation.

Aujourd'hui, j'ai médité ? ☐

Jour 223

Je note ma météo intérieure :

Chaque rumination a son schéma

Remarquez si, ces derniers jours, vous avez tendance à utiliser vos sentiments comme des preuves (« j'ai peur donc je suis incapable », « je suis angoissé, donc ça ne va pas dans ma vie »). Notez votre degré de familiarité avec ce schéma (0 = pas du tout, 5 = très familier).

....

....

....

Aujourd'hui, j'ai médité ? ☐

Jour 224

Je note ma météo intérieure :

Conseil

Merci de signer ci-dessous votre permis. Pas un permis de conduire ou de chasse, mais un permis « d'être » qui vous êtes.

....

....

Aujourd'hui, j'ai médité ? ☐

Jour 225

LES PENSÉES - LA VACHE

On fait souvent les choses sans y penser, par habitude, comme la vache qui broute et rumine jour après jour. La pratique méditative permet de mettre à jour ces habitudes et de décider, ou non, d'en changer.

Jour 226

Je note ma météo intérieure :

En pratique

Au cœur de votre journée, notez les situations que vous vivez quasiment en pilote automatique, malgré un environnement qui change parfois : le trajet pour aller au travail, les chamailleries dont le modèle se répète, les « bonjour » mécaniques. Prenez conscience de ces habitudes, avant de les observer avec tendresse ! Remarquez les éventuels phénomènes internes (nœud dans le ventre, douleur dans la nuque, tension dans le dos…) qui accompagnent ces habitudes et ces schémas qui se répètent. Laissez-vous alors la possibilité de choisir, en conscience, si vous voulez les changer ou pas.

Aujourd'hui, j'ai médité ? ☐

Jour 227

Je note ma météo intérieure :

Psychologie positive

Même si les nuages semblent menaçants, un soleil brille juste au-dessus.

Aujourd'hui, j'ai médité ? ☐

Jour 228

Je note ma météo intérieure :

INVITATION

Essayez de noter comment, depuis hier par exemple, votre humeur, vos états d'âme et vos émotions ont affecté voire teinté votre perception de la réalité. Et comment, du coup, votre comportement a changé.

....

....

....

Aujourd'hui, j'ai médité ? ☐

Jour 229

Je note ma météo intérieure :

Stop au pilote automatique !

Essayez de ne penser à rien pendant quelques instants. Puis de ne penser qu'à une voiture rouge pendant 15 secondes. Avez-vous réussi ? Ou avez-vous remarqué comment des pensées de distraction étaient venues vous frôler ? Alors, pensez-vous que vous puissiez choisir les pensées qui traversent votre esprit ?

....

....

....

Aujourd'hui, j'ai médité ? ☐

Jour 230

Je note ma météo intérieure :

Émotions

Aujourd'hui, nous allons mettre la caméra sur vos sensations intérieures lorsque vous éprouvez de la colère : souvenez-vous d'un moment récent où vous étiez en colère. Prenez au sérieux vos ressentis physiques : où dans votre corps sentiez-vous cette colère ? Et maintenant ?

....

....

....

Aujourd'hui, j'ai médité ? ☐

Jour 231

Je note ma météo intérieure :

Conseil

Lorsque la colère survient, donnez-lui une apparence, une forme, une couleur, mettez-la dans une boîte et rangez la boîte au fond d'un placard.

Aujourd'hui, j'ai médité ? ☐

Jour 232

L'INTENTION - LA ROSE

Lorsque l'on médite, on est souvent impatient d'apaiser son esprit. Mais c'est paradoxalement en essayant qu'on y arrive le moins ! De la même manière qu'on dit que la rose n'a d'épines que pour celui qui veut la cueillir, on prend d'autant plus conscience de l'agitation de son esprit qu'on souhaite l'arrêter.

Jour 233

Je note ma météo intérieure :

En pratique

Notez si parfois vous vous impatientez ou si vous voulez à tout prix apaiser votre esprit et débrancher la prise de l'agitation mentale. Si vous êtes alors curieux de ce qui se passe, que constatez-vous ? Observez votre tendance à vouloir que ce temps accordé à la pratique soit « rentable ». Il n'y a pourtant rien à atteindre, rien à attendre, rien à réussir.

....

....

Aujourd'hui, j'ai médité ? ☐

Jour 234

Je note ma météo intérieure :

Psychologie positive

Semez des graines positives chaque jour. Récoltez quand cela se présente. L'action et la patience ouvrent de nombreuses opportunités !

Aujourd'hui, j'ai médité ? ☐

Jour 235

Je note ma météo intérieure :

INVITATION

Si vous avez une discussion un peu tendue aujourd'hui, essayez de demander avec respect ce dont vous avez besoin plutôt que de laisser les autres deviner et peut-être leur reprocher de ne pas y parvenir.

Aujourd'hui, j'ai médité ? ☐

Jour 236

Je note ma météo intérieure :

Stop au pilote automatique !

Faites-vous une idée (par l'expérience) du ratio de pensées relatives à : moi, les autres, le futur, le passé. Remarquez que « moi » s'incruste souvent dans une grande partie de vos narrations mentales !

Aujourd'hui, j'ai médité ? ☐

Jour 237

Je note ma météo intérieure :

Compassion

Identifiez une situation difficile (pas trop, juste un peu difficile) qui vous a amené à vous juger et à vous critiquer. Visualisez-la et soyez attentif aux sensations physiques, aux pensées et aux émotions qui vous parcourent. Contentez-vous alors d'accepter ce qui vous avait alors gêné le plus dans votre comportement. Puis écrivez une lettre, dont vous serez le destinataire, exprimant la compassion et la compréhension nécessaire pour passer à autre chose.

Aujourd'hui, j'ai médité ? ☐

Jour 238

Je note ma météo intérieure :

CONSEIL

Quand on est animé par une intention pure d'accepter les choses telles qu'elles sont, on lâche prise. Mais, ne vous trompez pas, accepter n'est pas renoncer, c'est juste reconnaître ce qui est.

Aujourd'hui, j'ai médité ? ☐

Jour 239

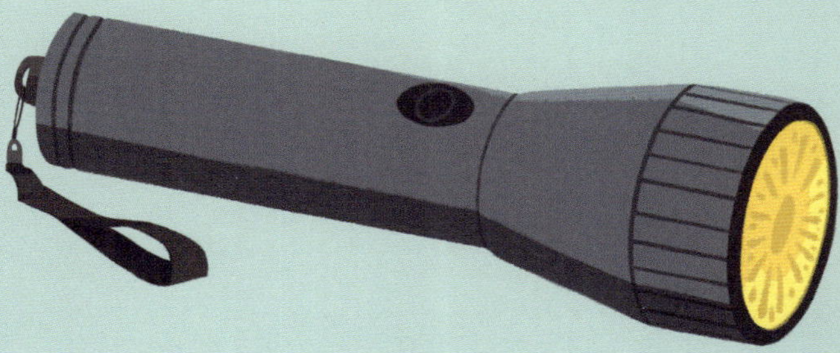

L'OUVERTURE - LA LAMPE

En travaillant sur l'attention, la méditation permet de se connaître mieux, de mettre en évidence le rôle de ses pensées, de ses émotions et de son ego.

Jour 240

Je note ma météo intérieure :

En pratique

Imaginez que votre attention est comme une lampe torche : grâce à elle, avec elle, éclairez d'abord le parcours de l'air dans votre corps, puis vos sensations corporelles, puis vos pensées ou vos émotions. Devenez le témoin de ce qui se passe en vous et autour de vous. Imaginez que l'énergie de cette lampe provient de vos sourires apaisés et des battements de votre cœur. Imaginez qu'en brillant ainsi, cette lampe torche éclaire avec bienveillance des zones brillantes, comme des zones plus sombres, sans faire de différence.

Aujourd'hui, j'ai médité ? ☐

Jour 241

Je note ma météo intérieure :

Psychologie positive

« L'homme qui déplace une montagne commence par déplacer les petites pierres. »

Confucius

Aujourd'hui, j'ai médité ? ☐

Jour 242

Je note ma météo intérieure :

Invitation

Si une émotion intense vous gagne aujourd'hui, contentez-vous d'exprimer vos émotions par cette simple phrase : « Maintenant, je me sens... » Et mettez le nom sur l'émotion. Voyez ensuite comment vous vous sentez.

Aujourd'hui, j'ai médité ? ☐

Jour 243

Je note ma météo intérieure :

Stop au pilote automatique !

Entraînez-vous à accueillir, dans l'heure qui suit, l'agréable, le neutre et le désagréable avec la même ouverture, sans jugement, attachement ou rejet.

Aujourd'hui, j'ai médité ? ☐

Jour 244

Je note ma météo intérieure :

Compassion

Pendant votre prochain repas, prenez un instant avant de manger pour penser à toutes les personnes autour du monde qui ont permis à ce repas d'exister, depuis le fermier jusqu'aux employés du magasin ou du supermarché. Appréciez leurs efforts et leur professionnalisme – ils vous permettent de vivre et de vous régaler.

Aujourd'hui, j'ai médité ? ☐

Jour 245

Je note ma météo intérieure :

Conseil

Avez-vous remarqué que lâcher prise, c'est ne pas adapter les choses à ses propres désirs ? Souvent, c'est plutôt prendre chaque jour comme il vient et l'apprécier.

Aujourd'hui, j'ai médité ? ☐

Jour 246

LE CORPS - L'ÉTOILE DE MER

Méditer de longues minutes dans la même position peut parfois être difficile pour le corps. À la fin de la méditation, lorsque le gong retentit, on peut s'étirer comme une étoile de mer.

Jour 247

Je note ma météo intérieure :

En pratique

À la fin d'une séance, portez votre attention sur les sensations de chaque partie de votre corps ; notez si elles sont agréables, désagréables ou neutres. Puis, avant de reprendre vos activités quotidiennes, étirez-vous. Étirez chaque « branche » de votre corps : la main droite, la main gauche, la tête, la jambe droite, la jambe gauche et enfin la nuque et la tête.

Peut-être avez-vous oublié de toutes petites étoiles de mer en vous étirant ? Je vous invite maintenant à étirer chaque doigt de votre main gauche : écartez-les au maximum, puis relâchez ! Faites de même avec la main droite, puis les deux pieds. Vous voilà encore un peu plus étiré !

Aujourd'hui, j'ai médité ? ☐

Jour 248

Je note ma météo intérieure :

Psychologie positive

Aujourd'hui, entourez-vous et allez plus spontanément vers des gens naturellement heureux ou joyeux. Le bonheur est en effet contagieux. Des chercheurs d'Harvard et de l'université de San Diego ont constaté que chaque ami heureux supplémentaire augmente sa propre probabilité d'être heureux.

Aujourd'hui, j'ai médité ? ☐

Jour 249

Je note ma météo intérieure :

Invitation

Si nous passons notre vie à éviter ou fuir les émotions difficiles et inconfortables, comment pourrons-nous alors un jour les apprivoiser, ou même les comprendre, surtout quand elles s'imposeront à nous ? Et vous, en quelle occasion avez-vous déjà eu l'impression d'avoir réussi à les regarder en face ?

Aujourd'hui, j'ai médité ? ☐

Jour 250

Je note ma météo intérieure :

Stop au pilote automatique !

Prenez un rendez-vous avec vous-même et ne faites rien. Absolument rien – même méditer pourrait être « faire quelque chose ». Allez à la rencontre de l'ennui.

Aujourd'hui, j'ai médité ? ☐

Jour 251

Je note ma météo intérieure :

Chaque rumination a son schéma

Remarquez si, ces derniers jours, vous avez tendance à vous mettre arbitrairement de fausses obligations ou des buts à atteindre, puis à culpabiliser ou être amer ensuite (« je dois », « on me doit »). Notez votre degré de familiarité avec ce schéma (0 = pas du tout, 5 = très familier).

....

....

....

Aujourd'hui, j'ai médité ? ☐

Jour 252

Je note ma météo intérieure :

Conseil

Est-ce que pour vous, le fait de lâcher prise signifie que vous devenez passif, incapable d'agir ? Demandez-vous plutôt s'il ne serait pas plus profitable de considérer le lâcher-prise comme l'abandon de vos préjugés et de vos impulsions ?

Aujourd'hui, j'ai médité ? ☐

Jour 253

LA RESPIRATION - LA MOUSTACHE

Afin de poser son attention sur le souffle, on est souvent invité à se concentrer sur la partie du corps où l'on ressent le plus le va-et-vient de l'air. Le bout du nez est parfois un bon candidat !

Jour 254

Je note ma météo intérieure :

En pratique

Une fois assis, laissez se dessiner au coin de votre bouche un léger sourire. Prenez quelques longues et profondes inspirations. Essayez d'identifier l'endroit dans votre corps où vous ressentez le mieux votre respiration. Peut-être est-ce votre abdomen, votre poitrine, votre gorge... ou votre nez ! Notez les mouvements de votre poitrine, de votre ventre qui s'abaissent et s'élèvent, à leur rythme. Suivez l'air qui entre et qui sort. Puis laissez votre respiration se faire toute seule. Notez comment tout votre corps participe à votre respiration.

Aujourd'hui, j'ai médité ? ☐

Jour 255

Je note ma météo intérieure :

Psychologie positive

Je vous invite aujourd'hui à accomplir trois choses sympas pour des personnes autour de vous qui ne s'y attendent absolument pas : leur proposer un café, leur adresser un petit mot, leur faire un compliment, leur offrir un cadeau…

Aujourd'hui, j'ai médité ? ☐

Jour 256

Je note ma météo intérieure :

INVITATION

N'hésitez pas, si vous êtes à l'aise avec cela, à parler de votre pratique autour de vous, et suggérez à vos proches de faire de petits gestes ou mots qui vous aideront ou soutiendront votre motivation pour créer cette nouvelle habitude. Si certains méditent aussi, encouragez-vous pour conserver une certaine régularité.

Aujourd'hui, j'ai médité ? ☐

Jour 257

Je note ma météo intérieure :

STOP AU PILOTE AUTOMATIQUE !

Prenez un miroir et observez-vous (en conscience) attentivement des pieds au visage, en notant les pensées et les émotions qui émergent, sans les suivre, sans les rejeter, en les laissant être et se dissoudre naturellement. Remarquez ce brouhaha mental qui commente cet exercice d'observation.

Aujourd'hui, j'ai médité ? ☐

Jour 258

Je note ma météo intérieure :

ÉMOTIONS

Aujourd'hui, explorons le dégoût : souvenez-vous d'un moment récent où vous avez ressenti du dégoût. Allez à la rencontre de cette émotion : où dans votre corps sentiez-vous ce dégoût ? Et maintenant ?

....

....

....

Aujourd'hui, j'ai médité ? ☐

Jour 259

Je note ma météo intérieure :

Conseil

Prenez quelques minutes chaque soir pour vous demander (et noter sur un carnet si possible, afin de garder une trace) quelles sont les pensées qui ont le plus « occupé » votre esprit dans votre journée.

....

....

....

Aujourd'hui, j'ai médité ? ☐

Jour 260

LES SENS – LES CACAHUÈTES

Chacun peine souvent à contrôler sa consommation de cacahuètes. En discutant, on s'oublie, on les avale en pilote automatique : méditer permet d'en prendre conscience et de vraiment décider d'en manger ou non !

Jour 261

Je note ma météo intérieure :

En pratique

Voici un exercice de méditation à réaliser en plein apéritif. Quand vous êtes sur le point d'attraper des cacahuètes, arrêtez-vous. Prenez trois respirations, reconnectez-vous au moment présent. Observez ce qui est en train de se passer – vos émotions, vos pensées, vos sensations corporelles. Profitez des quelques secondes gagnées sur votre geste instinctif pour choisir d'y répondre en pleine conscience, sans jugement et avec bienveillance. Si vous choisissez de manger cette cacahuète, soyez présent à cette expérience de dégustation, comme lors de la technique du grain de raisin, vue précédemment.

Aujourd'hui, j'ai médité ? ☐

Jour 262

Je note ma météo intérieure :

Psychologie positive

« Délaisse les grandes routes, prends les sentiers. »

Pythagore

Aujourd'hui, j'ai médité ? ☐

Jour 263

Je note ma météo intérieure :

INVITATION

Digital détox ! Changez votre mot de passe d'ordinateur pour y intégrer le mot « respire ». À chaque fois que vous vous authentifierez, vous vous souviendrez de vous connecter à votre souffle. C'est une belle micro-méditation !

Aujourd'hui, j'ai médité ? ☐

Jour 264

Je note ma météo intérieure :

Stop au pilote automatique !

En passant d'un bâtiment à un autre ou d'une pièce à une autre, prenez conscience des sensations de vos pieds sur le sol, des mouvements de vos bras, du rythme de votre souffle, de la tension de vos muscles, de votre vitesse, sans suivre vos pensées. Bravo, vous marchez en conscience !

Aujourd'hui, j'ai médité ? ☐

Jour 265

Je note ma météo intérieure :

Compassion

Pensez à toutes les personnes qui vous ont aidé récemment. Faites-en une liste dans votre tête. Puis ajoutez à cette liste les personnes qui vous ont aidé tout au long de votre vie. Remerciez-les avec chaleur et douceur.

Aujourd'hui, j'ai médité ? ☐

Jour 266

Je note ma météo intérieure :

Conseil

Je vous invite à envisager une émotion forte ressentie aujourd'hui comme un messager qui a quelque chose à vous dire. Quel pourrait être le message de cette émotion aperçue aujourd'hui ? Que pourrait-elle vous apprendre sur vous-même ?

....

....

....

Aujourd'hui, j'ai médité ? ☐

Jour 267

LES ÉMOTIONS – LE SAC À DOS

Chacun de nous emporte avec lui beaucoup d'émotions, de conditionnements, d'héritages familiaux, de pression sociale, comme dans un grand sac à dos. Il est souvent lourd à porter d'autant que nous ignorons souvent le détail de ce qui s'y est accumulé. Prenons le temps de faire le tri pour l'alléger un peu.

Jour 268

Je note ma météo intérieure :

En pratique

Prenez le temps de vous poser dans l'instant présent en prenant conscience de votre souffle, de votre corps, des sons qui vous entourent. Observez ce qui se passe dans votre corps et notamment dans les zones de tension. Si des émotions remontent à la surface, plutôt que les remettre dans votre sac à émotions, commencez par les accueillir telles qu'elles sont, et laissez-les exister. Prenez le temps de pleinement les découvrir et tentez, peut-être, de les apprivoiser. Laissez remonter d'autres émotions et faites un peu le tri. Au quotidien, essayez de gérer vos émotions négatives de cette façon, plutôt que de les entasser dans votre sac. Traitez-les au fur et à mesure, ne les laissez pas proliférer.

Aujourd'hui, j'ai médité ? ☐

Jour 269

Je note ma météo intérieure :

Psychologie positive

Épargnez-vous des regrets en vivant pleinement le bon, le moyen, mais aussi le difficile. Profitez bien de la vie dans toute sa splendeur, maintenant !

Aujourd'hui, j'ai médité ? ☐

Jour 270

Je note ma météo intérieure :

Invitation

Pas question de s'arrêter de penser ! Pendant les séances, il peut arriver que vous ayez des pensées incessantes. C'est aussi normal et naturel que de respirer ! Ne cherchez pas à lutter contre elles, ce serait comme tenter de vider l'eau de la mer. En effet, dès que vous baissez le volume de vos activités ou pensées proactives, vous découvrez avec stupeur le bruit de fond de vos pensées. Or observer ces pensées est justement le cœur de la méditation. Vous allez apprendre inlassablement à ne pas vous laisser entraîner par elles, à les laisser s'évanouir, à les identifier au plus tôt comme des pensées et non comme la réalité...

Aujourd'hui, j'ai méditié ? ☐

Jour 271

Je note ma météo intérieure :

Stop au pilote automatique !

Je vous propose aujourd'hui de regarder ce que vous ne regardez jamais : une partie du sol dans votre maison, un panneau, un arbre... Remarquez aussi ce que votre regard évite (le regard d'un sans-abri, des détritus sur le bas-côté...). Contentez-vous d'augmenter votre conscience visuelle sans rien en conclure.

Aujourd'hui, j'ai médité ? ☐

Jour 272

Je note ma météo intérieure :

Compassion

Aujourd'hui, vous allez serrer quelqu'un dans vos bras avec tout votre corps, votre conscience et votre cœur : tenez-vous face à la personne et revenez au moment présent. Ensuite, serrez-la dans vos bras et prenez trois belles et profondes respirations :

a. la première en étant conscient de votre corps ;
b. la deuxième, nourrissez-vous, imprégnez-vous de la chaleur de sa présence et du bonheur ressenti. Imaginez que vous lui réinsufflez de la vie en retour ;
c. la troisième, imaginez vos deux corps comme un tout.

Observez la gratitude qui vous traverse.

Aujourd'hui, j'ai médité ? ☐

Jour 273

Je note ma météo intérieure :

Conseil

À chaque fois que vous sentez une tension ou une peur en vous, posez-vous la question : « À quoi suis-je en train de résister ? » Profitez de la présence de cette peur ou de cette tension pour pratiquer et vous entraîner à l'acceptation pendant quelques cycles de respiration !

Aujourd'hui, j'ai médité ? ☐

Jour 274

LES PENSÉES – LE POISSON ROUGE

Il est important de changer l'eau de l'aquarium, pour ne pas que sa toxicité tue le poisson rouge, souvent sans qu'il le réalise lui-même. Sa vigilance est endormie par le confort apparent (nourriture en excès) et par la montée lente mais inexorable des toxiques. La méditation permet de mettre en lumière les pensées les plus négatives, comme les toxines de l'aquarium, et de s'y confronter.

Jour 275

Je note ma météo intérieure :

EN PRATIQUE

Portez votre attention aux pensées dont le volume est moins fort que les autres. Lorsqu'un changement se fait de façon lente, il échappe à la conscience, et la vigilance s'endort. Essayez de mettre les pensées bruyantes au second plan, afin de laisser les plus discrètes au premier plan – comme un exercice de musculation où vous feriez travailler des muscles oubliés. Entraînez votre attention à identifier toute modification en vous ou autour de vous. Vous serez alors en capacité de réagir en conscience si certains changements négatifs ou toxiques se produisent lentement. Vos prochaines décisions seront aidées par cette lucidité et ce calme.

Aujourd'hui, j'ai médité ? ☐

Jour 276

Je note ma météo intérieure :

Psychologie positive

Souvenez-vous d'un moment où vous avez été généreux avec quelqu'un d'autre... Félicitez-vous, autorisez-vous à vous sentir content de vous !

Aujourd'hui, j'ai médité ? ☐

Jour 277

Je note ma météo intérieure :

Invitation

Notez aujourd'hui votre éventuelle tendance à vouloir prolonger ou reproduire un moment que vous avez particulièrement apprécié. Que se passe-t-il alors ? Quelles sont vos sensations ? S'entraîner au lâcher-prise, c'est aussi travailler sur cet attachement au positif.

....

....

Aujourd'hui, j'ai médité ? ☐

Jour 278

Je note ma météo intérieure :

Stop au pilote automatique !

Je vous propose aujourd'hui d'écouter ce que vous n'écoutez jamais : un bruit d'avion, un oiseau, un souffle... Étendez ainsi votre capacité à vous ouvrir aux paysages sonores. Contentez-vous d'augmenter votre conscience auditive sans rien en conclure.

Aujourd'hui, j'ai médité ? ☐

Jour 279

Je note ma météo intérieure :

Chaque rumination a son schéma

Remarquez si, ces derniers jours, vous avez tendance à étiqueter et à juger de façon définitive et émotionnelle (« je suis nul »). Notez votre degré de familiarité avec ce schéma (0 = pas du tout, 5 = très familier).

Aujourd'hui, j'ai médité ? ☐

Jour 280

Je note ma météo intérieure :

Conseil

Dès que vous voyez une tension, une peur, une colère en vous, posez-vous tout de suite la question de savoir si l'ego ne se cache pas derrière (il s'exprime souvent avec des « moi, je... moi, je... »). Si c'est le cas, souriez, car vous l'avez repéré !

Aujourd'hui, j'ai médité ? ☐

Jour 281

L'INTENTION - LA FONTAINE

Les exercices de gratitude en méditation permettent d'accueillir et de se réjouir de ce qu'on doit aux autres ou à la nature. S'imprégner physiquement de ces moments vécus permet de cultiver des émotions positives, et donc de laisser moins de place pour celles qui sont difficiles.

Jour 282

Je note ma météo intérieure :

En pratique

Debout, respirez trois fois par la bouche, puis déroulez le film des événements agréables – des « cadeaux » de la journée qui vous ont fait du bien. Félicitez et remerciez mentalement tout ce qui a permis à ces événements d'exister : les proches, la nature, la vie, tous les êtres humains… vous ! Envoyez un peu d'amour et de gratitude à tout ce petit monde. Imaginez que cette gratitude vous éclabousse : vous avez sûrement, vous aussi, contribué à la joie ou au bien-être de quelqu'un récemment. Imaginez que ces gouttes d'eau mouillent votre visage, vos cheveux, puis votre poitrine. Elles vous rafraîchissent et vous nettoient des doutes, des difficultés et des angoisses.

Aujourd'hui, j'ai médité ? ☐

Jour 283

Je note ma météo intérieure :

Psychologie positive

« Chaque coup de colère est un coup de vieux, chaque sourire est un coup de jeune. »

Proverbe chinois

Aujourd'hui, j'ai médité ? ☐

Jour 284

Je note ma météo intérieure :

Invitation

Je vous invite maintenant à porter une attention délibérée à vos pieds et aux sensations de vos pieds sur le sol. Notez quelles sont les zones exactes en contact avec le sol. Imaginez que vous coloriez ces zones. Voyez si votre poids est un peu plus sur l'avant, l'arrière, le devant ou le talon...

Aujourd'hui, j'ai médité ? ☐

Jour 285

Je note ma météo intérieure :

Stop au pilote automatique !

Lors d'une prochaine discussion, soyez particulièrement attentif à ce que vous ressentez, à ce qui traverse votre esprit, à vos sensations physiques, et revenez sans cesse à l'écoute méticuleuse de votre interlocuteur.

Aujourd'hui, j'ai médité ? ☐

Jour 286

Je note ma météo intérieure :

Émotions

Aujourd'hui, explorons la honte : souvenez-vous d'un moment récent où vous ressentiez de la honte. Allez à la rencontre de cette émotion : où dans votre corps sentiez-vous cette honte ? Soyez curieux de cela. Et maintenant ?

....

....

....

Aujourd'hui, j'ai médité ? ☐

Jour 287

Je note ma météo intérieure :

Conseil

Comment vous sentez-vous en ce moment ? Quelles sensations émergent quand vous y prêtez attention ?

....

....

Aujourd'hui, j'ai médité ? ☐

Jour 288

L'OUVERTURE - LE LEVER DU SOLEIL

De même que le soleil qui se lève éclaire d'abord le haut du grand arbre qu'il connaît bien, puis l'arbre entier, puis le bosquet et enfin la forêt entière, méditer permet d'envoyer à chacun votre attention mais aussi un peu d'amour et de compassion.

Jour 289

Je note ma météo intérieure :

En pratique

Installez-vous confortablement et fermez les yeux. Portez successivement votre attention vers quatre personnes : vous, une personne chère, une neutre, une hostile, pour lesquelles vous prononcerez intérieurement trois fois ces phrases avec sincérité :

1. Que tu sois en sécurité et protégé.
2. Que tu sois en bonne santé physique et mentale.
3. Que tu sois heureux.
4. Que tu vives une vie douce et paisible.

Réalisez qu'elles ont, comme vous, des souffrances dont elles veulent se libérer, des désirs, une envie d'être heureux. Concluez par cette phrase « Juste comme moi » avant de passer à une autre personne.

Aujourd'hui, j'ai médité ? ☐

Jour 290

Je note ma météo intérieure :

Psychologie positive

Je vous invite à faire un petit calcul : combien de paroles positives pour chaque parole négative avez-vous dites hier ? Essayez d'évaluer ce rapport sur vos prises de parole (avec vos collègues ou en famille, ou intérieurement). Des études estiment que le bien-être a besoin d'au moins trois éléments positifs pour un élément négatif ! Quelles paroles positives pourriez-vous dire aujourd'hui ?

....

....

Aujourd'hui, j'ai médité ? ☐

Jour 291

Je note ma météo intérieure :

Invitation

Je vous invite maintenant à porter une douce attention à vos mains et à leurs sensations : notez la chaleur de ce qu'elles touchent ou de l'air qui vous entoure. La tension éventuelle des muscles de vos mains. Le poids que vous ressentez dans vos bras.

Aujourd'hui, j'ai médité ? ☐

Jour 292

Je note ma météo intérieure :

STOP AU PILOTE AUTOMATIQUE !

Aujourd'hui, prenez le temps de perdre du temps. Pour vous entraîner à exister pleinement !

Aujourd'hui, j'ai médité ? ☐

Jour 293

Je note ma météo intérieure :

ÉMOTIONS

Aujourd'hui, nous allons explorer une nouvelle émotion : souvenez-vous d'un moment récent où vous avez éprouvé de la fierté. Où ressentiez-vous cette émotion dans votre corps ? Soyez précis sur la zone du corps en question. Accueillez cela, c'est ainsi. Ressentez-vous toujours la même chose maintenant ?

....

....

Aujourd'hui, j'ai médité ? ☐

Jour 294

Je note ma météo intérieure :

Conseil

Avant une conversation importante pour vous, réservez un peu de temps pour méditer avant ce rendez-vous, comme un athlète qui se prépare mentalement. Puis, quand vous commencez le rendez-vous, essayez de garder la même attention au moment présent que pendant la méditation. C'est un cadeau pour l'autre, mais aussi pour vous.

Aujourd'hui, j'ai médité ? ☐

Jour 295

LE CORPS – LE BILBOQUET

Tout votre corps repose sur la charpente solide qu'est votre squelette. La juste posture pour méditer doit être digne, stable et solide, mais trouver cet équilibre requiert un peu d'adresse et de coordination physique, comme lorsque l'on joue au bilboquet.

Jour 296

Je note ma météo intérieure :

En pratique

Tenez-vous debout, les pieds légèrement écartés. Portez votre attention sur votre squelette. Sentez vos pieds au contact du sol, tous les os de ceux-ci (talons, doigts de pieds, quelques cartilages aussi), vos chevilles, vos tibias : tous ces os soutiennent votre corps entier. Les genoux, les fémurs, puis le bassin prolongent ce support. Le bassin stabilise vos jambes mais supporte également le reste du corps via la colonne vertébrale. Sentez bien l'architecture de votre corps.

Aujourd'hui, j'ai médité ? ☐

Jour 297

Je note ma météo intérieure :

Psychologie positive

Comment exprimez-vous votre générosité au quotidien ? Par exemple en donnant du temps, des sourires, des cadeaux, de l'attention, des félicitations... Que ressentez-vous – pensées, sensations physiques, émotions – quand vous donnez sans attendre en retour ?

Aujourd'hui, j'ai médité ? ☐

Jour 298

Je note ma météo intérieure :

INVITATION

Que diriez-vous de porter votre attention en cet instant sur la peau de votre visage ? Est-elle tendue ou souple ? Sèche ou bien hydratée ? Sentez-vous l'air qui peut-être la caresse ? Remarquez notamment vos sensations aux coins des yeux et de la bouche. Notamment si vous esquissez un sourire.

....

....

....

Aujourd'hui, j'ai médité ? ☐

Jour 299

Je note ma météo intérieure :

Stop au pilote automatique !

Pardonnez-vous si vous n'avez pas lu chaque page de cette éphéméride : c'est tout à fait normal et ce n'est pas grave. De plus, vous avez lu celle-ci : bravo !

Aujourd'hui, j'ai médité ? ☐

Jour 300

Je note ma météo intérieure :

Émotions

Aujourd'hui, nous allons explorer une émotion un peu complexe : souvenez-vous d'un moment récent où vous avez éprouvé du mépris. Ne vous laissez pas entraîner par l'histoire : où ressentiez-vous cette émotion dans votre corps ? Soyez précis sur la zone du corps en question. Ressentez-vous toujours la même chose maintenant ?

....

....

Aujourd'hui, j'ai médité ? ☐

Jour 301

Je note ma météo intérieure :

CONSEIL

Dans un moment où vous vous sentez légèrement déprimé ou faible, demandez-vous si cela n'est pas la conséquence d'une dureté excessive envers vous-même. Alors accordez-vous un moment de méditation.

Aujourd'hui, j'ai médité ? ☐

Jour 302

LA RESPIRATION - LA VAGUE

On peut parfois méditer en imaginant à chaque inspiration que l'air entrant dans les poumons est une douce vague qui déferle et diffuse son oxygène dans tout le corps, jusqu'au bout des bras et des pieds. Puis, on peut visualiser ce même air, chargé des tensions, se retirer du corps pour être expulsé par le nez ou la bouche.

Jour 303

Je note ma météo intérieure :

En pratique

Allongez-vous et fermez les yeux. Imaginez que votre corps tout entier respire, que des vagues le remplissent, puis le vident. Laissez votre respiration se dérouler naturellement, sans la forcer. Contentez-vous de diriger toute votre attention sur le spectacle et le bruit des vagues glissant dans votre corps. Vos sensations corporelles sont alors peut-être formidablement présentes, ou pas du tout, au contraire. Laissez se présenter à votre esprit ce que vous ressentez.

Aujourd'hui, j'ai médité ? ☐

Jour 304

Je note ma météo intérieure :

Psychologie positive

« Les choses ne changent pas. Change ta façon de les voir, cela suffit. »

Lao Tseu

Aujourd'hui, j'ai médité ? ☐

Jour 305

Je note ma météo intérieure :

INVITATION

Quand vous vous apprêtez à méditer, essayez de repérer ce qui vous fait parfois renoncer : est-ce votre ego, ou cette ambition de réussir votre pratique (« je ne suis pas assez frais pour cela, on verra plus tard, ou un autre jour » ou « je suis trop agité maintenant pour pouvoir me calmer ») ? Remarquez qu'il est parfois plus facile de commencer la séance quand vous n'avez vraiment aucune ambition de résultat.

Aujourd'hui, j'ai médité ? ☐

Jour 306

Je note ma météo intérieure :

STOP AU PILOTE AUTOMATIQUE !

Aujourd'hui, entraînez-vous à ralentir : tentez, tout au long de la journée, de faire quelques gestes plus lentement pour commencer : une façon de marcher, une bouchée, une gorgée, une écoute, une respiration, un trajet, une consultation de votre téléphone. Lentement !

Aujourd'hui, j'ai médité ? ☐

Jour 307

Je note ma météo intérieure :

Chaque rumination a son schéma

Remarquez si, ces derniers jours, vous avez tendance à vous sentir responsable du comportement des autres (« c'est ma faute »). Notez votre degré de familiarité avec ce schéma (0 = pas du tout, 5 = très familier).

Aujourd'hui, j'ai médité ? ☐

Jour 308

Je note ma météo intérieure :

Conseil

Qu'est-ce qui se passe en vous en ce moment ?

Aujourd'hui, j'ai médité ? ☐

Jour 309

LES SENS - L'ASCENSEUR

Méditer permet de découvrir un certain nombre de sensations internes auxquelles on ne prête souvent pas attention. On parle d'intéroception, qui permet de ressentir la faim, la soif, la douleur... ou même les va-et-vient verticaux de l'air dans le corps, dans la cage thoracique, comme un ascenseur qui vous apporterait de l'oxygène et repartirait avec le CO_2.

Jour 310

Je note ma météo intérieure :

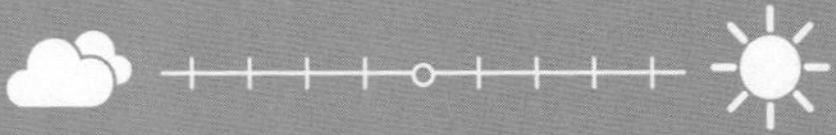

En pratique

Vérifiez que votre posture est droite. Laissez votre respiration se faire toute seule. Le souffle est comme un ascenseur le long de la colonne. Sentez son va-et-vient du coccyx jusqu'au sommet du crâne. Imaginez que ce souffle glisse comme un ascenseur qui imprime sa verticalité à tout votre corps.

Aujourd'hui, j'ai médité ? ☐

Jour 311

Je note ma météo intérieure :

Psychologie positive

Quand vous comparez la joie espérée avant un événement sympathique et la joie effectivement ressentie pendant l'événement, que constatez-vous en général ? Il est effectivement possible de prévoir ce qui nous rendra heureux. Vivons juste l'instant présent, sans trop anticiper ou ruminer.

Aujourd'hui, j'ai médité ? ☐

Jour 312

Je note ma météo intérieure :

Invitation

Digital détox ! Aujourd'hui, choisissez une heure, ou une demi-heure, pendant laquelle vous ne toucherez pas à votre téléphone. Essayez de relever le défi ! Observez les moments où votre main s'anime naturellement pour attraper l'appareil et reposez-la avec douceur. Félicitez-vous si vous réussissez !

Aujourd'hui, j'ai médité ? ☐

Jour 313

Je note ma météo intérieure :

Stop au pilote automatique !

Pardonnez-vous. Vous n'êtes pas responsable. Vous avez fait de votre mieux. Ces mots s'appliquent à tant de choses, essayez !

Aujourd'hui, j'ai médité ? ☐

Jour 314

Je note ma météo intérieure :

Émotions

Aujourd'hui, nous allons faire un zoom sur le sentiment d'amour, quelle que soit son intensité, depuis l'amitié, la tendresse, à l'ardeur : souvenez-vous d'un moment récent où vous avez éprouvé de l'amour. Où ressentiez-vous cette émotion dans votre corps ? Soyez précis sur la zone du corps en question. Accueillez cela, acceptez sa présence. Ressentez-vous toujours la même chose maintenant ?

....

....

Aujourd'hui, j'ai médité ? ☐

Jour 315

Je note ma météo intérieure :

Conseil

Prenez conscience de l'énergie que vous dépensez à vouloir qu'une situation, ou une discussion, ou un événement, aille dans votre sens ou qu'il soit différent. Pourtant vous n'y pouvez rien. Notez simplement comment cela influence votre comportement, malgré tout.

Aujourd'hui, j'ai médité ? ☐

Jour 316

LES ÉMOTIONS - LA POLLINISATION

Vous pouvez créer un élan collectif autour de vous, en inspirant les autres par vos changements, aussi subtils soient-ils. Les émotions, en particulier, se propagent parfois, comme le pollen qui passe de fleur en fleur grâce aux abeilles.

Jour 317

Je note ma météo intérieure :

En pratique

Dans le cadre de votre journée, si vous êtes entouré de collègues, amis, voisins ou inconnus, livrez-vous à ce petit exercice de méditation informelle : amorcez un léger sourire, un demi-sourire, à peine visible, mais qui mobilise la plupart des muscles de votre visage (yeux, bouche, joue...). Puis croisez le regard de quelques personnes autour de vous. Observez si une forme de contamination positive se développe.
Observez ce qui se passe en vous : que déclenche ce demi-sourire sur vos sensations physiques ou sur l'activité de votre mental ? Prenez quelques instants pour contempler cela.

Aujourd'hui, j'ai médité ? ☐

Jour 318

Je note ma météo intérieure :

Psychologie positive

Avez-vous déjà remarqué que lorsque vous faites du vélo et que vous avez le vent de face, vous avez tendance, instant après instant, à en avoir pleinement conscience (les efforts supplémentaires, les sensations du vent) ? Alors que lorsque vous avez le vent dans le dos, vous êtes content, au début, de vous sentir aidé, mais vous oubliez ensuite ce coup de pouce ? Quels enseignements pour votre propre vie ?

Aujourd'hui, j'ai médité ? ☐

Jour 319

Je note ma météo intérieure :

INVITATION

Les jours où il est plus dur de vous mettre à méditer, souvenez-vous de cette curiosité qui vous pousse à continuer, qui vous motive à pratiquer encore, et encore, et encore, chaque jour, un peu plus conscient de la magie d'être présent en chaque instant.

Aujourd'hui, j'ai médité ? ☐

Jour 320

Je note ma météo intérieure :

Stop au pilote automatique !

Essayez de faire une activité amusante ou de jouer, aujourd'hui. Comment vous sentez-vous ensuite ?

....

....

Aujourd'hui, j'ai médité ? ☐

Jour 321

Je note ma météo intérieure :

Émotions

Aujourd’hui, nous allons (re)découvrir une émotion : souvenez-vous d’un moment récent où vous avez éprouvé de la gratitude. Ne vous laissez pas entraîner par l’histoire : où ressentiez-vous cette émotion dans votre corps ? Y a-t-il un endroit précis, ou une zone ? Est-ce stable ou variable en intensité ? Ressentez-vous toujours la même chose maintenant ?

Aujourd’hui, j’ai médité ? ☐

Jour 322

Je note ma météo intérieure :

Conseil

Observez ce qui se passe autour de vous : les personnes qui marchent, les sons, les couleurs, les formes. Mais remarquez aussi le silence et l'immobilité. Soyez conscient de tout cela à la fois.

Aujourd'hui, j'ai médité ? ☐

Jour 323

LES PENSÉES - LE LOUP

Certains pensent que méditer permet de privilégier ses pensées positives et de chasser les négatives. Méditer permet au contraire de prendre conscience de ce qui est, positif ou négatif, sans jugement. Comme le loup, qui peut fasciner tout autant qu'il peut effrayer ses observateurs passionnés, malgré la peur qu'on en a.

Jour 324

Je note ma météo intérieure :

EN PRATIQUE

À la fin de votre séance de méditation, prenez quelques instants pour vous connecter à ce qui est : agréable ou désagréable, joie ou tristesse, froid ou chaud. Sans juger, sans fuir, sans vous attacher ni au positif, ni au négatif, sans ajouter des couches de narration inutiles. Quand on laisse « être », on constate que cette diversité confirme qu'on est bien vivant et apporte au fil du temps équilibre et sérénité. Notez aussi votre tendance à comparer, par exemple votre état de bien-être à celui du début de la séance ou d'une séance précédente. Laissez ces pensées passer, comme toutes les autres.

Aujourd'hui, j'ai médité ? ☐

Jour 325

Je note ma météo intérieure :

Psychologie positive

« Pour ce qui est de l'avenir, il ne s'agit pas de le prévoir mais de le rendre possible. »

Antoine de Saint-Exupéry

Aujourd'hui, j'ai médité ? ☐

Jour 326

Je note ma météo intérieure :

Invitation

Pas besoin d'être créatif chaque jour avec votre pratique, revenez encore et encore à votre ressenti corporel : la respiration, les sensations dans vos mains, l'ancrage de vos pieds dans le sol... Soyez juste là ! Revenez-y encore et encore... et encore.

Aujourd'hui, j'ai médité ? ☐

Jour 327

Je note ma météo intérieure :

STOP AU PILOTE AUTOMATIQUE !

Pendant une journée, essayez de considérer, de parler, de regarder, de traiter votre corps comme s'il était votre meilleur ami. Que ressentez-vous ?

....

....

....

Aujourd'hui, j'ai médité ? ☐

Jour 328

Je note ma météo intérieure :

Émotions

Aujourd'hui, explorons une autre émotion : souvenez-vous d'un moment récent où vous avez éprouvé de la timidité. Sans trop vous attarder sur la narration, revenez à vos sensations : où ressentiez-vous cette émotion dans votre corps ? Y a-t-il un endroit précis, ou une zone ? Est-ce stable ou variable en intensité ? Et maintenant ?

Aujourd'hui, j'ai médité ? ☐

Jour 329

Je note ma météo intérieure :

Conseil

Plutôt que de toujours vouloir changer quelque chose, je vous invite à passer quelques instants à vous apprivoiser et à vous accepter tel que vous êtes.

Aujourd'hui, j'ai médité ? ☐

Jour 330

L'INTENTION - L'OIGNON

Des couches et des couches de personnalité se sont superposées en vous, construisant ainsi celui que vous êtes aujourd'hui – comme les couches de l'oignon. Si vous devenez conscient du niveau où vous êtes coincé, cette compréhension peut vous aider à dissoudre le blocage.

Jour 331

Je note ma météo intérieure :

En pratique

Imaginez que vous êtes un oignon et tentez de percevoir, progressivement, à travers vos sensations, à quoi chaque couche de l'oignon correspond, sans vous attacher, sans vous juger. Laissez passer les pensées et schémas liés à votre moi de façade. Puis identifiez tout ce qui est lié à la couche des jeux et des rôles sociaux, souvent pilotée par l'ego. Acceptez la présence de chaque couche puis détachez-la, sans l'évaluer et sans la comparer. Connectez-vous à votre souffle et à vos sensations physiques et partez à l'exploration des différentes couches de votre intention, puis répondez en silence à cette question : quelle est votre vraie motivation pour méditer ?

Aujourd'hui, j'ai médité ? ☐

Jour 332

Je note ma météo intérieure :

Psychologie positive

Essayez d'être particulièrement attentif à la beauté autour de vous : la nature, un bâtiment, un sourire, une voiture, un moment, un rire, un nuage, un arbre, un vêtement, un geste de générosité... Mais aussi en vous. Laissez la beauté vous inspirer.

Aujourd'hui, j'ai médité ? ☐

Jour 333

Je note ma météo intérieure :

Invitation

Je vous propose aujourd'hui de colorer vos pensées comme si vous chaussiez pour une journée des lunettes teintées. Observez, redécouvrez ce qui traverse votre mental, ce qui vous occupe l'esprit pendant cette journée avec ce filtre coloré : pendant vos monologues internes, sur le chemin pour aller au travail, dans vos interactions avec les autres...

Aujourd'hui, j'ai médité ? ☐

Jour 334

Je note ma météo intérieure :

Stop au pilote automatique !

Surprenez-vous en traînant des pieds alors que votre impatience vous amènerait à courir, en ralentissant alors que vous devriez accélérer, en vous taisant alors que vous brûlez de prendre la parole. Et observez ce qui se passe en vous. Et ce qui ne se passe pas, contrairement aux scénarios que votre mental a inventés pour résister à cette invitation.

Aujourd'hui, j'ai médité ? ☐

Jour 335

Je note ma météo intérieure :

CHAQUE RUMINATION A SON SCHÉMA

Remarquez si, ces derniers jours, vous avez tendance à appliquer le principe du tout ou rien et à perdre toute forme de nuance (« Si je n'ai pas 20/20, je suis nul »). Notez votre degré de familiarité avec ce schéma (0 = pas du tout, 5 = très familier).

....

....

....

Aujourd'hui, j'ai médité ? ☐

Jour 336

Je note ma météo intérieure :

Conseil

Reposez-vous sur votre souffle, sur l'expérience de l'instant présent.

Aujourd'hui, j'ai médité ? ☐

Jour 337

L'OUVERTURE - LA MARMITE

Méditer aide à lâcher prise et à patiemment faire la place à la joie et à l'appréciation, mais requiert un peu de vigilance pour éviter de s'y attacher. Selon les moments, la méditation s'apparente à la cuisson d'un plat mitonné dans une marmite : le risotto devra être constamment surveillé, alors qu'un pot-au-feu, un peu moins.

Jour 338

Je note ma météo intérieure :

En pratique

Observez, après quelques respirations, votre tendance à vouloir vous détacher de vos inconforts, de vos souffrances ou même de votre ego en méditant. Or c'est parfois très difficile, et votre pratique peut être perturbée par cette attente forte. Entraînez-vous plutôt à ne pas vous y attacher dès que vous en faites l'expérience, grâce à une vigilance de tous les instants.

Aujourd'hui, j'ai médité ? ☐

Jour 339

Je note ma météo intérieure :

Psychologie positive

Si vos amis ou votre famille devaient choisir trois compliments vous concernant, quels seraient-ils ? Qu'aimeriez-vous faire dès demain pour cultiver ces qualités ?

....

....

....

Aujourd'hui, j'ai médité ? ☐

Jour 340

Je note ma météo intérieure :

INVITATION

Si vous faites la vaisselle à la main aujourd'hui, utilisez cette activité comme un rappel pour être présent dans l'instant ; sentez le contact et la température de l'eau sur votre peau, remarquez votre sensation au contact de la vaisselle...

Aujourd'hui, j'ai médité ? ☐

Jour 341

Je note ma météo intérieure :

Stop au pilote automatique !

Examinez avec curiosité et scepticisme un certain nombre de convictions, de croyances ou de valeurs qui forment un prisme au travers duquel vous voyez le monde. Remarquez l'influence qu'ils ont sur vos pensées, sur les étiquettes que vous mettez aux choses ou aux situations. Acceptez de ne pas savoir, de douter, de chercher à être plus lucide.

Aujourd'hui, j'ai médité ? ☐

Jour 342

Je note ma météo intérieure :

ÉMOTIONS

Aujourd'hui, nous allons explorer la surprise : souvenez-vous d'un moment récent où vous avez éprouvé de la surprise. Où ressentiez-vous cette émotion dans votre corps ? Soyez précis sur la zone du corps en question. Accueillez cela, acceptez sa présence, comme si vous deviez ressentir cela pour toujours. Ressentez-vous toujours la même chose maintenant ?

....

....

Aujourd'hui, j'ai médité ? ☐

Jour 343

Je note ma météo intérieure :

Conseil

Soyez attentif, avec beaucoup de précision, à tous les goûts que vous ressentirez aujourd'hui : pendant les repas, mais aussi à n'importe quel moment. Ainsi qu'à la température dans votre bouche.

Aujourd'hui, j'ai médité ? ☐

Jour 344

LES PENSÉES - LE CHEVAL

L'esprit est comme un très beau cheval sauvage. La méditation permet de l'apprivoiser, de le connaître, et même de monter sur son dos. Comme le méditant lorsqu'il observe les mouvements de son esprit pour rester présent, il faut savoir écouter le cheval et s'accorder à lui pour rester en selle.

Jour 345

Je note ma météo intérieure :

En pratique

Lorsque vous démarrez la méditation, considérez votre esprit comme un cheval sauvage. Il est beau et plein d'énergie, mais a besoin de votre douceur pour vous faire confiance et se laisser apprivoiser. Ressentez en vous la douceur et l'attention que vous donneriez à ce cheval. Accueillez tout ce qui survient avec cette même chaleur douce : vos sensations physiques, vos émotions, vos pensées. Sentez comme l'esprit se calme. Lorsqu'il se sera suffisamment calmé, peut-être aurez-vous l'impression d'être monté en selle.

Aujourd'hui, j'ai médité ? ☐

Jour 346

Je note ma météo intérieure :

Psychologie positive

« Le bonheur, c'est lorsque nos pensées, nos paroles et nos actes sont en harmonie. »

Gandhi

Aujourd'hui, j'ai médité ? ☐

Jour 347

Je note ma météo intérieure :

INVITATION

Pourquoi n'utiliseriez-vous pas votre capacité à accorder une attention particulière à la respiration dans votre vie quotidienne ? Un stress qui débarque ? Je respire... Une dispute ? Je respire... Un moment de joie ? Je respire... Une bouffée d'angoisse ? Je respire... Une satisfaction ? Je respire...

Aujourd'hui, j'ai médité ? ☐

Jour 348

Je note ma météo intérieure :

STOP AU PILOTE AUTOMATIQUE !

Là, maintenant, contractez tout votre corps pendant 5 secondes. Puis relâchez-le et soyez attentif à vos sensations !

Aujourd'hui, j'ai médité ? ☐

Jour 349

Je note ma météo intérieure :

Émotions

Aujourd'hui, continuons cet entraînement pour devenir plus subtils encore dans la connaissance de nos propres émotions : souvenez-vous d'un moment récent où vous avez éprouvé de l'orgueil. Sans trop suivre la narration, revenez à vos sensations : où ressentiez-vous cette émotion dans votre corps ? Et maintenant ? Y a-t-il une facette plus éclairante, ou même une qualité à avoir ressenti cette émotion ?

Aujourd'hui, j'ai médité ? ☐

Jour 350

Je note ma météo intérieure :

Conseil

Prenez un instant pour apprécier le fait que vous avez de quoi manger à votre faim aujourd'hui. Prenez un instant pour réaliser que ce n'est pas le cas pour de nombreuses personnes ; pris dans sa routine, on a tendance à l'oublier.

Aujourd'hui, j'ai médité ? ☐

Jour 351

L'INTENTION - LE DRAPEAU

Notre esprit a souvent tendance à être emporté ici et là, au gré des pensées incessantes, comme un drapeau qui va là où le vent l'emporte. En méditant, nous pouvons retrouver notre centre, comme le mât qui ne bouge jamais, quelle que soit la force du vent.

Jour 352

Je note ma météo intérieure :

En pratique

Asseyez-vous au calme et posez votre attention sur votre souffle. Apaisez-vous quelques instants en ressentant les mouvements de votre corps qui respire. Observez si des pensées ou des émotions se lèvent en vous. Goûtez-les comme si vous mettiez le nez dehors pour sentir la météo. Observez leur qualité, sans vous concentrer sur leur contenu, comme vous ressentiriez la puissance du vent, la chaleur ou l'humidité de l'air. Lorsque vous êtes distrait, reconnaissez que vous êtes parti et revenez à votre centre, à votre respiration.

Aujourd'hui, j'ai médité ? ☐

Jour 353

Je note ma météo intérieure :

Psychologie positive

Qu'avez-vous bien fait ou réussi aujourd'hui ? Hier ? Cette année ? Faites remonter ces succès dans votre mémoire et ressentez les émotions et la confiance affluer en vous.

Aujourd'hui, j'ai médité ? ☐

Jour 354

Je note ma météo intérieure :

INVITATION

Bonjour, mon corps. Comment vas-tu aujourd'hui ?

Aujourd'hui, j'ai médité ? ☐

Jour 355

Je note ma météo intérieure :

Stop au pilote automatique !

Vous pensez cela, mais en êtes-vous certain ? Pourquoi faudrait-il croire ces pensées ?

Aujourd'hui, j'ai médité ? ☐

Jour 356

Je note ma météo intérieure :

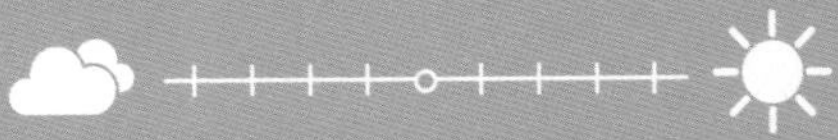

Émotions

Aujourd'hui, continuons l'entraînement pour avoir une connaissance plus fine de nos propres émotions : souvenez-vous d'un moment récent où vous avez éprouvé de la jalousie. Sans trop suivre l'histoire que votre mental va créer, revenez à vos sensations : où ressentiez-vous cette émotion dans votre corps ? Et maintenant ? Y a-t-il eu en vous quelque chose de positif associé à cette émotion ?

Aujourd'hui, j'ai médité ? ☐

Jour 357

Je note ma météo intérieure :

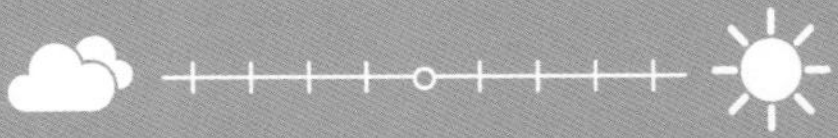

Conseil

Essayez de méditer un peu chaque jour, même 10 minutes, pour ressentir les effets de la méditation. Ou alors faites de courtes méditations informelles pour être présent à votre expérience du moment, lorsque vous marchez, dans les transports en commun, lors des repas, quand vous prenez votre douche...

Aujourd'hui, j'ai médité ? ☐

Jour 358

L'OUVERTURE - LE TIGRE

En nous reliant à nos sens, la méditation nous aide à être présents à notre environnement immédiat et à l'apprécier, comme le tigre qui se déplace avec souplesse dans la jungle. Comme lui, nous pouvons être à l'aise avec nous-mêmes et ce qui nous entoure.

Jour 359

Je note ma météo intérieure :

En pratique

Au cours de votre journée, prenez une minute pour vous arrêter. Marquez une pause et ressentez tout ce qui se passe en vous et autour de vous : ressentez le contact du sol sous vos pieds, de l'air et de vos vêtements sur votre peau, écoutez les sons proches et lointains, observez les textures et les couleurs. Ressentez en vous la puissance tranquille du tigre, qui occupe sa place, détendu et les sens pleinement en éveil. Prenez une minute pour apprécier ce paysage, puis retournez à votre activité.

Aujourd'hui, j'ai médité ? ☐

Jour 360

Je note ma météo intérieure :

Psychologie positive

« Tu peux, à l'heure que tu veux, te retirer en toi-même. Nulle retraite n'est plus tranquille ni moins troublée pour l'homme que celle qu'il trouve en son âme. »

Marc Aurèle

Aujourd'hui, j'ai médité ? ☐

Jour 361

Je note ma météo intérieure :

Invitation

Lorsque vous vous laverez les mains aujourd'hui, sentez le frottement de vos mains entre elles, notez l'odeur du savon, ressentez la température de l'eau sur votre peau.

Aujourd'hui, j'ai médité ? ☐

Je note ma météo intérieure :

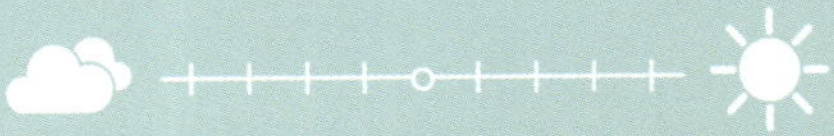

STOP AU PILOTE AUTOMATIQUE !

Avant d'envoyer votre prochain mail, prenez quelques secondes pour vous représenter dans votre tête son ou ses destinataires, et pour vous souvenir qu'eux aussi sont des êtres humains comme vous. Adaptez le contenu si vous en ressentez le besoin. En cliquant sur « envoyer », vous êtes alors pleinement en connexion avec le destinataire.

Aujourd'hui, j'ai médité ? ☐

Jour 363

Je note ma météo intérieure :

ÉMOTIONS

Et là, en cet instant, que ressentez-vous ? Quelle émotion se présente spontanément à vous, même si son intensité est faible ? Essayez d'utiliser le vocabulaire le plus précis possible pour la décrire.

....

....

....

Aujourd'hui, j'ai médité ? ☐

Jour 364

Je note ma météo intérieure :

Conseil

Quand le moment est approprié, entraînez-vous à apprécier les plaisirs, les joies, les bonheurs de la vie, mais sans vous y attacher. Notez votre tendance à l'accumulation, à créer de nouveaux besoins, à en réclamer toujours plus. Ne vous culpabilisez pas d'être ainsi, c'est normal. Savourez pleinement, mais libérez-vous doucement, chaque fois un peu plus, de cette addiction qui pourrait un jour vous jouer des tours.

Aujourd'hui, j'ai médité ? ☐

Jour 365

Je note ma météo intérieure :

Citation

« Hâte-toi de bien vivre et songe que chaque jour est à lui seul une vie. »

Sénèque

Aujourd'hui, j'ai médité ? ☐

Rédaction : Benjamin Blasco et Loïc Dujardin
Illustrations : Marie Renaud

Imprimé en 2018 sur les presses de Toppan en Chine

Pour le compte des éditions Hachette Livre (Marabout)
58, rue Jean-Bleuzen, 92170 Vanves

Dépôt légal : septembre 2018

ISBN : 978-2-501-13103-2
29 6041 6